U0580548

国家社科基金项目"企业迁移的意愿与空间引导政策研究"
(13CJL025)的结项成果

国家社科基金丛书
GUOJIA SHEKE JIJIN CONGSHU

企业迁移意愿与
空间引导政策研究

Firm Relocation:
Willingness and Regional Policy

李彦军　著

人民出版社

目　　录

前　言

　　高质量发展是我国经济发展的必然选择,而产业结构转型升级则正是推动高质量发展的重中之重。作为产业转移的微观载体,企业的空间迁移活动,正是推动区域经济结构升级与转型的基本手段。

　　企业的大规模迁移现象也引起国内外学者的广泛关注。目前国内外学术界研究内容主要集中在企业迁移行为的影响因素、成因、决策过程与迁移绩效上,研究主要针对客观因素分析,缺乏从企业主观意愿视角的研究。并且部分学者在研究企业迁移行为时往往忽略了意愿与行为之间的差异性。然而在现实生活中,迁移意愿的对企业迁移有着重要的影响。当然,企业迁移意愿并不是迁移行为的充要条件,例如政府环境管理政策的强制性会让不具备迁移意愿的企业发生迁移行为;另外,在衡量多种要素后,具备初步迁移意愿的企业也有可能在进一步决策过程中放弃迁移行为。

　　因此,探究企业迁移意愿与行为之间的关系有助于解释这种现象背后的内在逻辑,亦可为各地政府政策的制定提供科学支撑。因此,从微观视角研究企业的迁移意愿及其影响因素,对企业在迁移时选择合理的区位,促进企业的健康成长有重要现实意义,也对各地区出台有针对性的迁移引导政策,实现经济转型具有重要的现实意义。

　　本书将迁移意愿纳入研究框架,研究企业迁移意愿形成机理以及迁移意愿如何影响企业迁移决策。通过探讨企业迁移意愿的影响因素,构建了企业迁移意愿与迁移决策模型,分析了迁移意愿的形成、迁移意愿对迁移行为的影响、迁移目标区位选择、迁移时机、迁移与企业成长、迁移的区域效应、政府对企业迁移的空间引导政策等问题。

本书考察了情感等主观因素对企业迁移的影响。以往对企业迁移影响因素的研究多是从劳动力成本、土地成本、产业政策、配套设施等客观因素展开,本书在客观因素研究的基础上加入了主观因素,将乡土情结、区位偏好等主观情感因素纳入指标体系,研究了企业主情感因素对企业迁移意愿的影响。

企业迁移对我国区域经济的均衡与协调发展意义重大。对地方政府而言,要实现区域战略与产业目标,就必须合理引导企业的迁移。本书认为:

1.政府在引导企业迁移的过程中,首先需要促进企业迁移意愿的形成。

政府在引导企业迁移时,既要重视区域政策的指引作用,也要重视企业与企业家情感因素的内在作用。从企业家情感来看,不管是希望留住本地优质企业的迁出地政府,还是需要引进外地优质企业的迁入地政府,均可以利用多种途径与手段,培养企业家的区域融入感、归属感与认同感;其次,政府应对行业龙头企业进行表彰与奖励,提升企业家个人成就感,形成示范效应,带动业内其他企业迁入;最后,由于地区间信息的不对称以及各地区域政策的不完全透明化,企业往往只能在有限的选择中制定次优战略,从而放弃迁移行为,因此,各地政府可以通过搭建网络平台的方式,利用互联网、大数据等手段将地区政策、基础设施建设情况与市场行情等地域性的信息数字化、网络化,降低企业获取信息的成本,减少企业因信息不对称而放弃迁移行为的可能性,实现企业资源在全国范围内的有效流动。

2.迁移意愿只是迁移行为产生的先决条件之一,各地政府吸引外地优质企业或留住本地龙头企业的重心仍应放在自身经济实力的提升、经济环境的改善以及政策优惠力度的加大上。

各地政府应充分发挥自身区位优势,完善基础设施建设,加强产业设施与政府服务的配套,提高政府行政效率,营造公平竞争环境,打破各区域间的贸易壁垒,提高市场开放程度,抵制恶性竞争的发生,从各方面降低企业的运营成本;在优惠政策上,政府应在采取普适性政策的基础上,针对不同行业、不同年龄、不同规模的企业制定不同的特殊性优惠政策,提高企业迁移的积极性;此外,由于企业在原区位已经建立了相对成熟的供销网络链条以及关系网络,沉没成本较高,并且企业迁移行为将会面临许多未知的风险,从而导致迁移动力在一定程度上会受到削弱。因此,政府需要培养企业家勇于开拓、不断创新的意识与一定的冒险欲望,从而推动企业迁移意愿的产生与行为的发生。

由于长期以来我国对企业迁移的调查与统计相对缺失,使企业迁移的相关研究在一定程度上变得相对困难。这也是目前我国企业迁移的研究主要集中于宏观视角的主要原因。为了使研究能够顺利开展,本书在统计年鉴、上市公司年报数据、中国重要报纸全文数据库等数据的基础上,选择了东、中、西部不同地区、不同行业、不同类型的289家企业进行了深度访谈与问卷调查。由于本书主要研究涉及企业的迁移意愿与迁移决策,访谈与调查对象为企业负责人与决策层。课题组在访谈过程中,得到了地方政府与企业负责人的大力支持,获得了大量一手资料,为研究的顺利进行奠定了基础。

但从具体研究来看,也存在一定的困难,一是影响企业迁移受多种因素影响,研究难以穷尽所有因素,二是迁移意愿的测度方法和模型的构建没有成熟的理论可以借鉴。这也使得现在的纰漏和不足在所难免。当然,所有的困难归根结底还是因为作者自身研究水平与能力问题。

基于微观迁移主体,以企业迁移意愿为研究对象,研究迁移意愿对迁移决策的影响,有助于形成与"理性经济人"及经验分析不同的审视角度与研究结论,有助于从理论层面丰富我国区域经济与产业空间的理论体系。从这层意义上说,本书的探索是有价值与意义的。

希望本书对企业迁移意愿及其空间引导机制的研究,能起到抛砖引玉的作用,推动我国企业迁移与企业行为地理理论的创新与发展。

绪　　论

在全球化、城市化与区域一体化的背景下,企业面临的国内外市场竞争日益激烈。为了抢占市场的制高点、获取更大的市场份额、获得并保持持续的竞争优势,无论是跨国公司的生产职能部门、管理部门或是研发部门,还是本土的龙头企业或是中小微企业,都加快了企业迁移的脚步。企业迁移是产业转移不可或缺的重要组成部分,也是其微观基础,它的发生对产业转移的实现有着至关重要的作用。因此,研究企业迁移的影响因素、迁移意愿与迁移决策的机理,总结企业迁移的规律与特征并提出对合理引导企业迁移具有针对性的政策建议,将会成为政府与学术界共同关注的重大课题。

绪论部分首先分析了本书的研究背景,接着阐述了研究的主要内容和框架结构、研究方法、研究思路,最后指出本书写作的难点与创新之处。

一、研究背景

(一)问题的提出

我国国内经济整体发展并不平衡,不同区域存在着较大的发展差距,由此产生的经济梯度与产业梯度,使得产业转移成为我国不同区域之间经济发展过程中的必然现象。

改革开放以来,我国开放与发展的重心一直在东部沿海地区,外资产业转移主要集中在长三角、珠三角和环渤海区域。自20世纪90年代以来,我国东部地区的经济得到了迅猛的发展。与此同时,东部地区的土地、劳动力等成本也快速攀升,这推动了东部地区的产业开始逐步向中西部地区发生转移。2000年以后,我国西部大开发与中部崛起等国家重大战略相继实施,中西部地区的投资环境不断改善,对外开放水平不断提升。东部地区生产成本的上升与中西部地区投资环境的改善,共同推动了我国产业大规模转移的浪潮。

企业迁移是实现产业转移的微观基础。伴随着大规模的产业转型,企业迁移也在近几十年来变得日益频繁。在大量学者的研究成果中,我国企业迁移行为总体上呈现出一种从经济发展水平较高的地区向欠发达地区梯度转移的态势。迁移路径常常表现为沿海城市企业向中西部转移、大城市中心区企业向周边地区迁移。例如首钢集团的生产基地从北京迁到了河北,华为也将自己的手机业务——华为终端从深圳搬迁至东莞。

一些企业逐渐将工厂与生产部门迁往劳动力成本和土地成本相对较低的地区,与此同时另一些企业由欠发达地区向发达地区或中心城市迁移,通过迁移实现区位的优化与调整。如湖南远大科技集团将总部迁到北京,万科集团将总部迁到上海,七匹狼与安踏等总部从泉州迁到了厦门,东风集团也将总部从湖北十堰迁到了武汉。

国外企业迁移同样层出不穷,如甲骨文将总部从硅谷迁往得州奥斯汀,丰田北美总部从加利福尼亚州搬迁至得克萨斯州达拉斯北部的普莱诺,波音公司将总部从西雅图迁移至芝加哥。企业迁移作为一种企业与区位再匹配的方式与手段,在全球范围内适用性都极强。

这些企业迁移现象在学术界内吸引了广泛的关注,也为学者对企业迁移的研究提供了现实与经验依据。国内外学者立足不同视角、不同的理论方法对企业迁移现象进行了深入探索,形成了新古典主义、行为主义、新制度主义等一系列企业迁移理论的研究流派。这些流派与理论为区域经济学的研究开启了微观视角。但从现有研究不难发现,尽管这些研究使人们对企业迁移目的、方式与影响有了更为深入的了解,但是一个被广泛接受的系统的企业迁移理论框架还未形成。对企业迁移影响因素的研究也主要集中在对土地成本、人力成本、政府优惠政策等客观因素的分析上,缺乏对情感因素、心理因素等企业家主观意愿视角的研究。现有的理论模型在指导企业迁移实践方面也存在着针对性和指导性不足的现象。

本书旨在探究企业迁移意愿形成机制,并分析迁移意愿对迁移行为的影响,为政府制定合理的迁移政策,有针对性引导企业空间迁移提供理论依据。通过实地调研、与企业负责人深度访谈和问卷发放等形式进行数据收集,以计划行为理论为理论基石,搭建企业迁移意愿与行为研究框架,构建企业迁移意愿与行为研究模型,分析迁移意愿与行为的产生机理,并基于此提出引导企业空间迁移的政策建议。

(二)研究目的与意义

1.研究目的

本书以企业迁移意愿为研究对象,探究企业迁移意愿的影响因素及迁移意愿对迁移行为的影响。

(1)立足意愿视角研究企业迁移,揭示迁移意愿影响企业迁移行为的机理。试图从理论上回答企业为什么会产生迁移意愿,迁移意愿对迁移行为有什么样的影响,企业迁移如何确定迁移的目标区位、迁移时机,企业迁移对企业自身及所在区域分别有什么样的影响等问题。通过对这些问题的回答,丰富企业行为理论、区域经济发展理论、企业战略决策理论与企业区位选择相关理论。

(2)构建理论模型,剖析企业迁移意愿的影响因素,探究企业迁移意愿与迁移行为形成的内在机理。

(3)探究基于迁移意愿的企业迁移空间引导机制,并提出具有针对性的政策建议,为各级政府招商引资和制定产业升级与空间指引政策提供理论依据。

2.研究意义

企业迁移作为企业在空间上调整价值链的一种战略手段,是更好地适应市场、消费者和技术等变化的一种特殊的区位调整形式①。长期以来,学者们从宏观视角对产业转移进行了大量研究,但是对产业转移的微观基础企业迁移的研究还相对较少。从现有企业迁移相关研究成果来看,研究领域主要涉及迁移的影响因素、迁移动因、迁移的决策过程与企业迁移区域效应等几个方面,迁移意愿的相关研究也比较零散琐碎,但是企业家主观意愿对企业迁移又有着至关重要的影响。因此,从微观视角研究企业迁移的意愿与行为的形成机理、特征规律及空间引导政策,具有重要的理论与实证意义。

(1)研究企业的迁移意愿及对迁移行为的影响,对于丰富和发展我国企业迁移与产业空间理论具有重要的理论意义

20世纪50年代以来,企业迁移研究在国内外引起了广泛关注,学者们对企业迁移的动机、影响因素、决策过程等方面,已经进行了大量富有成效的研究。然而,基于新古典区位理论的企业迁移决策关于完全理性和充分信息的假设,与事实上企业迁移决策常受主观愿意、区位偏好、不完全信息影响的非理性情形相背离。基于微观迁移主体,以企业迁移意愿为研究对象,研究迁移意愿对迁移决策的影响,必然形成与"理性经济人"及经验分析不同的审视角度与研究结论,有助于从理论层面丰富我国区域经济与产业空间的理论体系。

(2)将迁移意愿作为企业迁移研究切入点,对科学引导我国企业空间迁移,实现区域经济高质量发展具有重要的现实意义

现实生活中,区位要素资源往往会限制企业的不断扩张。因此,为谋求更优的发展环境,企业必须进行区位调整以实现区位资源与发展态势的匹配。同时,区域间均衡发展的要求也倒逼企业性迁移行为。作为产业转移的微观

---

① 白玫:《企业迁移的三个流派及其发展》,《经济学动态》2005年第8期。

基础和各区域结构升级与转换的重要方式,企业迁移对我国区域经济的均衡与协调发展意义重大。因此,以企业迁移这一微观视角研究产业转移的动因、手段与过程等具有必要性与紧迫性。从区域的角度看,符合本地发展方向的高品质企业迁入,能有效改善地区产业结构,同时也能为地区提供大量就业机会、增加政府税收并提高居民收入。在全球化与区域经济一体化的背景下,世界各地都在经历着产业结构的调整与升级,区域软硬环境的改善与土地、税收等优惠政策的出台不断深刻影响着企业的迁移决策。然而,这类政策恰恰忽视了企业作为独立性个体的现实,在某种程度上大大弱化了企业迁移意愿对企业迁移行为的影响效果与作用力度。在市场经济条件下,迁移主体——企业——是否愿意沿着政府的产业政策而迁移,则是一个值得探究的问题。由此可见,从微观视角研究影响企业迁移意愿及其迁移意愿影响下的迁移行为,不仅对企业采取合理有效的区位选择,也对推动我国现代化进程具有重要的理论与现实意义。

本书通过文献回顾、问卷调查、深度访谈和历史比较、案例分析等研究方法,剖析产业转移升级背景下企业迁移意愿及其空间引导机制,既契合了当前产业空间理论拓展,也符合服务于各地区政府通过积极引导企业进行区域间迁移从而促进产业结构提质改良的战略目标,同时也对区域经济的快速发展具有重要的理论和现实指导作用。

二、研究框架与方法

(一)研究框架与主要内容

本书的核心问题是企业迁移意愿形成机理以及迁移意愿如何影响企业迁移行为。以企业迁移相关文献研究为基础,本书探讨了影响企业迁移意愿的重要因素,并以计划行为理论为基础构建了企业迁移意愿与迁移行为决策模型。分析了迁移意愿对迁移行为的影响、迁移时机与目标区位选择、迁移与企业成长、迁移的区域效应等问题,探讨了区域政府基于迁移意愿引导企业区位迁移实现区域产业发展目标的政策措施。

1. 研究框架

本书的基本思路框架如图 0-1 所示。

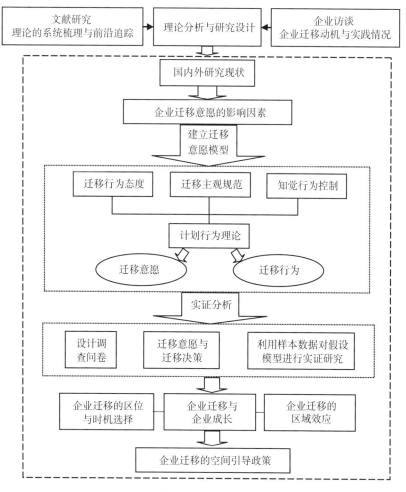

图 0-1　研究框架

2. 主要研究内容

本书由绪论及九个章节构成,主要内容安排如下。

绪论。旨在提出本书所要研究的问题、研究目的与意义、研究框架、方法与创新之处。

第一章:企业迁移理论研究进展。企业迁移研究是企业区位理论的一个分支,本章从企业迁移的内涵、影响因素、迁移决策、异质性企业迁移、企业总部迁移与企业迁移的绩效等方面全面梳理了当前国内外学者在企业迁移方面的研究成果,并对现有研究进行了简要评述。

第二章:我国企业迁移的现状与特征。厘清我国当前企业迁移的现状与特征,是企业迁移意愿研究的现实基础。本章在对企业迁移类型进行归纳的基础上,对我国企业迁移的总体特征、产业特征、总部迁移特征、企业迁移与工业重心的转移进行了详细分析。首先,受数据可得性的影响,本章选用中国知网2000年至2017年我国重要报纸全文数据库对企业迁移的报道性文章作为数据来源,从迁移行业、迁移速度、迁移原因、迁移方式、迁移类型、迁移方向等方面全面分析了我国企业迁移的总体特征。其次,选取纺织、金融与资源型产业分析了我国劳动密集型行业企业、生产性服务业企业、资源密集型行业企业迁移的不同特征。最后本章运用各年份《中国统计年鉴》工业增加值数据,计算了1993—2016年我国工业重心转移情况,并分析了工业重心转移的原因。

第三章:企业迁移意愿及其形成逻辑。本章从区位、企业、嵌入三个层面分析了企业迁移意愿的影响因素。从区位层面看,区域政策、区域经济环境与区域文化环境是影响迁移意愿产生的外在动力;从企业层面看,企业发展战略、企业家个人情感以及企业属性是影响企业迁移意愿的内在根源;从嵌入层面看,产业集群与市场因素也是影响企业迁移意愿产生的重要原因。在影响因素分析的基础上,本章最后研究了企业迁移意愿的形成机理。

第四章:迁移意愿与迁移行为的理论分析框架。本章以理性行为理论与计划行为理论为基础,结合企业迁移行为的特性,构建了企业迁移意愿与行为的理论模型,实证分析了企业迁移意愿与行为的内在逻辑联系,并对企业迁移意愿的产生与形成过程、决策形成过程和迁移意愿与行为决策的关系进行了理论分析。本章主要为理论分析框架的建构,是第五章实证研究的理论基础。

第五章:迁移意愿对企业迁移行为影响的实证研究。本章以湖北省武汉市、湖南省怀化市、江苏省徐州市与贵州省铜仁市等城市的289家企业为对象,实证考察分析了各因素对企业迁移意愿与迁移行为的影响、作用效果,并对意愿与行为之间出现的背离现象进行逻辑解释,并提出具有针对性的政策建议。

第六章:企业迁移的目标区位与时机选择。企业迁移是一个复杂的动态决策过程,企业在作出迁移决策的同时,还需要对最优目标区位与迁移时机作出选择。本章首先对迁移经验、信息与风险知觉对迁移的影响进行理论分析。其次运用层次分析法(AHP)、模糊综合评价法(FCE)构建了企业目标区位的选择模型,选择贵州D生态农牧科技有限责任公司为案例,分析了其迁移决策的目标区位选择问题。最后尝试构建了迁移时机模型,分析了企业迁移的时机问题。

第七章:企业迁移与企业成长。企业迁移对企业的持续、稳定、健康发展具有重要影响。因为无论是企业外部地理空间的改变,还是内部空间组织方式的变革,都会对企业的成本、利润、市场规模和发展速度等方面情况产生影响。而这些指标恰恰又都是企业成长的重要体现。本章着重分析了企业迁移对企业成长的影响机理。首先,企业迁移通过区位优化促进企业成长,具体体现在迁移使企业更接近目标市场,更便捷地获取资源优势,更深入地融入了迁入地市场环境。其次,企业迁移通过匹配优化促进企业成长,具体表现在资源匹配的优化、能力匹配的优化、政策匹配的优化与文化匹配的优化等方面。最后,企业迁移通过内部优化促进了企业成长,具体表现在企业价值网络形成、外来者劣势激发学习与适应、人力资源的整合与再利用等方面。

第八章:企业迁移的区域效应。企业迁移区域经济发展与产业结构调整有多方面的影响。本章着重分析了企业迁移对区域经济的影响。首先分析了企业迁移与区域经济发展的互动逻辑。其次考察了企业迁移对区域发展的正效应,主要包括:产业升级、产业联动效应、技术溢出效应与政策革新效应。最后分析了企业迁移对区域发展的负效应,主要包括迁入地区的发展锁定、迁出地区的产业空心化、污染转移与产业同质化。

第九章:企业迁移的空间引导。在理论与实证分析的基础上,本章从多个层面提出引导企业迁移的政策体系。通过这些政策,引导低端产业外迁,吸引优质企业迁入,实现企业资源跨区域有效配置与区域经济的高质量平稳协调均衡发展。

（二）调查方案与研究方法

1. 数据获取

我国对企业迁移的调查与统计相对缺失,使企业迁移的相关研究在一定程度上变得相对困难。这也是目前我国有关企业迁移的研究主要集中于宏观视角的主要原因。为了使研究能够顺利开展,本书在统计年鉴、上市公司年报数据、中国重要报纸全文数据库等数据的基础上,选择了东、中、西部不同地区、不同行业、不同类型的289家企业进行了深度访谈与问卷调查。访谈与问卷调查的对象为企业负责人和决策层成员。

2. 调查地区选择

本书调查与访谈的企业具有较好的区域、行业与类型的代表性。从区域上看,主要集中于江苏、湖北、湖南与贵州四省。选择这四个省份,主要基于以下几个方面原因:

（1）江苏省位于长三角地区,是我国东部发达地区,产业发展基础好,是企业向外迁移的典型区域。

（2）湖北、湖南是内陆省份,也是我国重要的工业基地,产业基础雄厚,工业门类齐全,企业迁移主要以国内迁移与成长型迁移为主,企业迁移特征与东部沿海地区存在着明显的差异,可为比较研究提供很好的实证支撑。

（3）贵州省位于西部地区,是我国承接产业转移的主要区域,近几年贵州发展速度加快,吸纳了大量的东部外迁企业,是我国承接东部企业大规模迁入的典型地区。

3.调查方案

调查问卷所收集的企业信息主要包括三个方面::

一是企业基本特征信息。这一类信息主要调查的是企业所属行业、企业规模大小、企业内部组织部门构成、企业经营绩效与企业迁移历史等。

二是企业所在区域经济社会发展方面的信息。这一类信息主要包括区位经济发展条件、人力资源丰富程度、各种要素成本与生活成本、区域交通状况、政策环境优劣、基础设施建设完善程度、文化环境等。

三是企业迁移意愿方面的相关信息。这一类信息旨在考察哪些因素会使企业家产生迁移的愿望与冲动,主要包括企业家对区域经济发展环境是否满意(区位、政策、劳动力等)、企业对风险的偏好程度、企业对迁移的预期与态度(对迁入地及迁出地的预期)、企业家对不同区位属性的偏好程度、企业家精神、企业对市场前景判断与未来迁移计划等。

在对企业问卷调查的基础上,选择了50家代表性企业进行了深度访谈。同时,对企业所在地的政府和相关组织机构进行深度访谈,通过访谈了解企业迁移历史、现状、产业发展政策导向以及该区域产业政策的实效等,为企业迁移的空间引导研究提供政策支持。

4.研究方法

本书采用的研究方法主要包括理论研究与实证研究。

(1)理论研究

理论研究是本书的重要部分。主要分析了企业迁移意愿的形成机理、迁移意愿对企业行为的影响、时机选择等问题,试图从理论上回答:企业为什么会产生迁移意愿?迁移意愿对迁移行为有什么样的影响?企业迁移会选择哪个目标区位?什么时候迁移?企业迁移对企业自身有什么样的影响?对所在区域又有什么样的影响?对这些问题的回答,构成了本书理论研究的主要内容,也为后续的实证研究奠定了基础。

(2)实证研究

实证研究主要包括大样本的调查研究与案例研究。基于湖北、湖南、江苏与贵州等省市合计289家企业的问卷调查数据,实证分析了各影响因素对企业迁移意愿与迁移行为的作用效果与力度,并通过统计检验,验证了模型的可行性与准确性。

三、研究创新之处

(一)将迁移意愿引入企业迁移的研究

企业迁移相关理论为产业转移与区域经济研究提供了微观视角,企业的大规模迁移现象也为理论研究提供了现实背景与数据支撑。但从现有对企业迁移的研究成果来看,内容主要集中于影响因素、决策过程、区域效应与迁移绩效上,探讨企业迁移行为如何产生的理论研究框架尚未形成。同时,企业家迁移主观意愿作为迁移行为的先决条件之一,在现有的研究成果中尚未完全被学者们所重视,其形成机理、与企业迁移行为的内在联系也缺乏相应的理论与实证研究。因此,本书将迁移意愿引入企业迁移的研究框架,从微观视角研究意愿对企业迁移决策及行为的影响,完善了企业迁移研究框架,丰富并发展了我国企业迁移的理论研究。

(二)将情感等主观因素引入企业迁移研究领域

以往对企业迁移影响因素研究多是从客观因素,如劳动力成本、土地成本、产业政策、配套设施等角度研究企业迁移动因和迁移机制,较少从企业主或企业决策者的个人情感角度研究企业迁移意愿,本书在客观因素研究的基础上加入了主观因素,将情感等主观因素纳入指标体系,研究企业主出于情感和心理上是否会产生企业迁移意愿。

同时,本书将行为科学领域中被广泛应用的计划行为理论作为理论基础,结合企业迁移意愿与行为特性构建出一个全新的研究框架,研究方法与结论具有一定的创新性与科学性,为企业迁移研究提供了一个新的方向与思路。

(三)对具有潜在迁移意愿的企业进行了探究

现有对企业迁移的研究,大多集中于对已迁移企业的考察。在本书中,在研究已迁移企业的同时,对具有潜在迁移意愿的企业也进行了研究,研究对象的增加不仅能丰富样本属性,也提升了研究的可行性与科学性,无论是对政府还是对企业来说都具有十分重要的参考价值,帮助企业提高迁移成功率的同时也使得政府政策更具有合理性。

第一章　企业迁移理论研究进展

20 世纪 50 年代,McLaughling 与 Robockg(1949)的著作《产业为什么向南方转移》("Why Industry Moves South")开启了企业迁移的理论研究①。随后,不少欧洲国家的学者也开始对企业迁移展开研究。20 世纪 90 年代以来,我国东南沿海地区的民营企业由于土地等成本的上升,开始了大规模的集中迁移,迁移目标为那些地价较为便宜、资源约束较少的区域。这一现象引起了国内学者的重视,并从不同角度对这一现象进行了研究。本章将对国内外企业迁移的研究成果进行回顾和整理。

第一节　企业迁移的概念

国内外对企业迁移的概念界定尚未达成一致,但是一般都认为它是企业对区位重新选择的过程,是企业区位调整的一种特殊形式,它是改变企业在市场中的位置、环境规则、消费者偏好、技术进步的可行路径(Pellenbarg et.al.,2002)。② 企业

---

① McLaughling G E,Robockg S,"Why Industry Moves South",*NPA Committee for the South*,No. 3,Report,1949.

② Pellenbarg P H,van Wissen L J G,van Dijk J,"Firm Migration",in *Industrial Location Economics*,P.McCann(eds.),Cheltenham:Edward Elgar,2002,pp. 110–148.

迁移还被看作是一种特殊的企业战略决策,是企业在发展成长过程中对外界环境的自然抉择,是为更好地满足企业成长需要而谋求新的发展空间的一种动态决策过程,主要表现为区域内迁移、区域间迁移和跨国迁移等(Brouwer et.al.,2002;2004)。[1][2] 狭义上的企业迁移是企业整体的迁移,是指企业将生产转移到其他区域的活动;广义上的企业迁移包括企业以各种形式到新的生产区域开展业务。对欠发达地区而言,企业迁移能够带动其经济发展;对发达地区而言,企业迁移可以解决其劳动力市场拥挤和发展空间有限的问题(Pellenbarg et.al.,2002)。

国内学者主要从价值链、资源、空间位置等方面研究企业迁移的内涵。

一、基于价值链的界定

白玫(2003)[3]和陈伟鸿等(2007)[4]从价值链的角度出发,认为企业国际迁移是指企业的部分或者全部价值链活动在国家与国家之间进行的空间转移。他们指出,企业迁移是企业价值链的空间位置变化过程,是一种特殊的价值链区位调整形式。

二、基于资源的界定

刘怀德、艾斌(2005)基于资源流动的视角对企业迁移进行了定义,他提出企业迁移并不是简单的注册地变化。企业迁移是追逐比较优势的区位再选择,同时还涵盖生产设施、研发中心和管理结构等企业实际资源的流动。所以,企业迁移是一种资源综合流动行为,包括了企业资本、技术、人员和管理等

① Brouwer A E,Mariotti I,Van Ommeren J N,"The Firm Relocation Decision:A Logit Model", *Paper presented at the 42nd ERSA conference*,Dortmund,Germany,2002.

② Brouwer,Aleid E.,Ilaria Mariotti,and Jos N.Van Ommeren,"The Firm Relocation Decision: An Empirical Investigation",*The Annals of Regional Science*,Vol.38(2),2004,pp.335-347.

③ 白玫:《企业迁移研究》,南开大学 2003 年博士学位论文。

④ 陈伟鸿、王会龙:《企业迁移的理论基础及其演变脉络》,《经济评论》2007 年第 3 期。

核心资源的区位变化。①

三、基于空间位置的界定

华金秋等(2008)认为企业迁移不仅包括地理位置的改变,还包括企业空间的延伸或扩张,因此企业迁移有企业的整体迁移、在外地设立分支机构、设立分公司等形式。② 王业强(2007)认为企业迁移是指原企业将经济活动的全部或部分搬到新工厂,以便于企业产品寻求新的空间发展。企业迁移包括企业关闭以前的工厂和开始经营新工厂。他还区分了企业迁移的不同类型,对于中小企业,企业迁移是指企业从某一区位到另一区位的变化;对于大企业来说,企业迁移则是涉及企业的关闭、合并和拆分等经济活动的空间再建。③

金晓燕等(2006)认为企业空间扩张不等同于企业迁移。研究指出企业迁移关键在于企业从一个区域向另一个区域转移,而企业空间扩张是一种增量概念上的"相对迁移",重点在于企业资源在不同地区的配置。④

总体来看,国内外学界界定企业迁移的关键在于企业的各类要素是否存在地理位置的变化,同时还对不同类型的企业迁移,以及企业迁移和企业空间扩张等进行了区分。本书所讨论的企业迁移既包括企业的经济活动发生空间转移,还包括企业在其他地方设立分支机构或开设分公司等形式。

第二节　企业迁移的影响因素

纵观国内外学者对企业迁移的研究,发现有关企业迁移影响因素的

---

① 刘怀德、艾斌:《企业迁移的动因研究》,《长沙理工大学学报(社会科学版)》2005 年第 4 期。
② 华金秋、王媛:《深圳企业外迁现象透视》,《深圳大学学报(人文社会科学版)》2008 年第 3 期。
③ 王业强:《国外企业迁移研究综述》,《经济地理》2007 年第 1 期。
④ 金晓燕、陈红儿:《企业空间扩张概念内涵新探》,《经济管理》2006 年第 4 期。

研究最为丰富。本节通过总结归纳相关的研究成果,认为学者们主要围绕外部因素、内部因素、政策因素和区域因素对企业迁移的影响展开了探索。

一、外部因素

企业迁移的研究始于 McLaughlin 与 Robock(1949)的著作《产业为什么向南方转移》("Why Industry Moves South"),著作中描述了 20 世纪中期美国制造企业的大规模迁移现象,通过多角度分析促使企业由东北部向东南部各州迁移的因素,发现了企业从发达地区迁往欠发达地区这一反常现象的内在动因。著作中认为引起这次迁移的原因是美国东南部各州拥有劳动力成本较低、贸易限制较少以及企业之间竞争更小等优势,由此说明了企业的迁移行为受外部因素的影响。[①]

20 世纪 50 年代,学者们的研究重点转移到英国的企业迁移。同时,意大利、荷兰和德国等一些欧洲国家也开始关注企业迁移所引起的一系列经济问题,这一时期的主要研究对象是企业区域内迁移和跨区域迁移。Garwood(1953)发现市场需求和原材料的供应是影响这一时期的制造业企业迁移的主要因素[②]。Molle(1977)认为市区土地价格过高、空间和交通拥挤促使了企业进行迁移[③]。部分学者研究还发现临时性关税(Scott,2000)[④]、劳动力成本

① McLaughling G E,Robockg S,"Why Industry Moves South",*NPA Committee for the South*,No. 3,Report,1949.

② Garwood J D,"An Analysis of Postwar Industrial Migration to Utah and Colorado",*Economic Geography*:Vol. 29(1),1953,pp. 79–88.

③ Molle W.T.M.,"Industrial Mobility—A Review of Empirical Studies and An Analysis of the Migration of Industry from the City of Amsterdam",*Regional Studies the Journal of the Regional Studies Association*,Vol. 11(5),1977,pp. 323–335.

④ Scott A J,"Economic Geography:the Great Half-century",*Cambridge Journal of Economics*,24(4),2000,pp. 483–504.

过高(Weinstein,2018)①、城市和区域经济计划(Dorantes et al.,2011)②、地区高可达性(Nguyen et.al.,2013)③、电力成本(Panhans et.al.,2017)④、高素质人力资本(Gintar Morkut& Sierdjan Koster,2019)⑤、高城市化水平(Weterings,2013)⑥、企业员工住宅可得性(Koster 和 Pellenbarg,2018)⑦与地区气候环境的变化(Linnenluecke et.al.,2011)⑧都对企业迁移有重要影响。此外,Sleutjes等(2012、2013)认为企业的邻里关系对企业迁移行为影响并不大⑨⑩。总体来看,20 世纪 70 年代之前,国外有关企业迁移影响因素的研究多以外部因素为主,学者们普遍认为外部因素促使企业发生迁移,迁移行为进而影响当地的

---

① Weinstein R,"Dynamic Responses to Labor Demand Shocks:Evidence from the Financial Industry in Delaware",*Journal of Urban Economics*,Vol. 104,2018,pp. 27–45.

② Dorantes L M,Paez A,Vassallo J M,"Transportation Infrastructure Impacts on Firm Location:the Effect of A Newmetro Line in the Suburbs of Madrid",*Journal ofTransport Geography*,Vol. 22(2),2011,pp. 236–250.

③ Nguyen,Cao Y,Sano,et. al.,"Firm Relocation Patterns Incorporating Spatial Interactions",*Annals of Regional Science*,Vol. 50(3),2013,pp. 685–703.

④ Panhans M,Lavric L,Hanley N,"The Effects of Electricity Costs on Firm Re-location Decisions:Insights for the Pollution Havens Hypothesis?",*Environmental & Resource Economic*,Vol. 68,2017,pp. 893–914.

⑤ Morkut G,Koster S,"Human Capital as A Location Factor:An Empirical Investigation of Relocating Firms and Their Labour Force in the Netherlands",*Papers in Regional Science*,Vol. 97(3),2018,pp. 595–616.

⑥ Weterings A,Knoben J,"Footloose:An Analysis of the Drivers of Firm Relocations over Different Distances",*Papers in Regional Science*,Vol. 92(4),2013,pp. 791–809.

⑦ Koster S.,Pellenbarg P,"The Changing Firm Landscape and Firm Location Behaviour",in *Relocation of Economic Activity*,Capik P.,Dej M.(eds).Cham:Springer,2019,pp. 71–83.

⑧ Linnenluecke M K,Stathakis A,Griffiths A,"Firm Relocation as Adaptive Response to Climate Change and Weather Extremes",*Global Environmental Change*,Vol. 21(1),2011,pp. 123–133.

⑨ Sleutjes,Bart,Beckers,"Exploring the Role of the Neighbourhood in Firm Relocation:Differences:Between Stayers and Movers",*Journal of Housing & the Built Environment*,Vol. 28(3),2013,pp. 417–433.

⑩ Sleutjes B,Völker B,"The Role of the Neighbourhood for Firm Relocation",*Tijdschrift Voor Economische En Sociale Geografie*,Vol. 103(2),2012,pp. 240–249.

经济发展(*Pellenbarg et.al.*,2002)①。

在国内,也有不少学者对影响企业迁移的外部因素进行过研究。王礼茂(2000)研究了纺织工业企业从沿海地区向西部地区转移的现象,认为这源于沿海地区生产要素特别是劳动力的价格上涨较快,使得沿海纺织工业企业的比较优势下降,导致了企业逐步向西迁移②。赵奉军等(2003)分析认为,影响企业迁移的根本原因是生产要素、销售、服务网络等的变化,同时,对企业迁移具有重要影响的因素还有地区市场化程度和政府之间的博弈③。张新芝等(2010)运用系统基模方法研究了企业迁移的机理,深入分析了企业迁移的影响因素,发现要素成本价格是影响企业迁移的主要因素,其次为基础设施、产业升级、税收等其他外部因素④。刘禹君、贺灿飞(2017)通过对四川省成都市11家迁移企业进行半结构式结构访谈,发现市场因素是影响企业扩张性迁移的首要因素,而资源要素、原材料成本、环境成本、劳动力成本、运输成本对企业迁移的影响并不明显⑤。此外,国内学者还发现商务成本(周正柱等,2015)⑥同样是影响企业迁移的重要因素。

二、内部因素

进一步分析迁移企业的特点,发现企业自身内部因素也会影响企业迁移(Camerron 和 Clark,1968)⑦。Townroe(1969)指出企业扩张和企业生命周期

① Pellenbarg P H,van Wissen L J G,van Dijk J,"Firm Migration",in *Industrial Location Economics*,P.McCann(eds.),Cheltenham:Edward Elgar,2002,pp.110-148.
② 王礼茂:《我国纺织工业东、西部合作与产业转移》,《经济地理》2000年第6期。
③ 赵奉军、木巳:《民营企业大"迁移"的经济学》,《科技信息》2003年第8期。
④ 张新芝、陈斐:《基于系统基模的企业迁移机理分析》,《科技信息》2010年第8期。
⑤ 刘禹君、贺灿飞:《企业迁移微观机制研究——基于四川省成都市周边地区的企业调研》,《商业经济研究》2017年第17期。
⑥ 周正柱、孙明贵、张莹:《企业迁移区位选择影响因素》,《经济与管理研究》2015年第4期。
⑦ Camerron G C,Clark B D,"Industrial Movement and the Regional Problem",*The Economic Journal*,Vol.78(312),1968,pp.931-933.

都是企业迁移的重要影响因素①。其中,企业扩张有两种方式。一种是空间扩张,即同一区位内由一个生产点扩张为多个生产点,然后扩展到全国范围,最终发展为在全球多个国家拥有生产点(Chapman 和 Walker,1988)②。企业合并是企业扩张的第二种方式,一些基础雄厚的企业经过企业合并,往往会产生迁移行为(Brouwer,2004)③。此外,企业是否选择做出区位调整会考虑其所处的发展阶段,Brouwer 等(2004)研究了 21 个国家和地区的企业迁移现象,指出企业的成立时间越短、规模越小,发生迁移的可能性越大④。Dijk 和 Pellenbarg(1999)对荷兰部分企业的迁移行为进行研究,发现相较于其他因素,企业内部因素对迁移行为的影响最大⑤。

在我国,企业扩张同样是影响企业迁移一个关键的内部因素。魏后凯等(2009)指出过去很长一段时间内,我国企业迁移的方式多以企业扩张性外迁为主,他们将这段时间分为四个阶段:即单一行政搬迁时期、境外迁入为主时期、内外资迁移并重时期和企业迁移加速时期⑥。同样,在分析了近 600 家企业的调研数据后,浙江省企业调查总队指出省内企业外迁的主要原因正是企业扩张(浙江省企调总队,2005)⑦。

另一方面,也有学者在研究了福建东南部企业外迁现象后,发现企业迁出

---

①　Townroe P M,"Locational Choice and the Individual Firm",*Regional Studies*,Vol. 3,1969,pp. 15-24.

②　Chapman K,Walker D F,"Industrial Location:Principles and Policies",*Geographical Journal*,Vol. 154(2),1988,p. 278.

③　Brouwer A E,"The Inert Firm:Why Old Firms Show A Stickiness to Their Location",in *European Regional Science Association conference*,2004,pp. 1-23.

④　Brouwer A E,Ilaria Mariotti,Ommeren Jos Nvan,"The Firm Reloeation Decision:An Empirical Investigation",*Annals of Regional Science*,Vol. 38(2),2004,pp. 335-347.

⑤　Dijk J V,Pellenbarg P H,"Demography of Firms:Spatial Dynamics of Firm Behavior",*Nederlandse Geografische Studies*,Vol. 262,1999,pp. 120-156.

⑥　魏后凯、白玫:《中国企业迁移的特征、决定因素及发展趋势》,《发展研究》2009 年第 10 期。

⑦　浙江省企调总队:《浙江企业缘何纷纷外迁》,《中国国情国力》2005 年第 3 期。

主要源于其日益突出的融资"瓶颈"(衣长军,2005)①。钱文荣等(2003)则通过问卷调查发现,对农村企业而言,企业迁移意愿受企业家对生活的满意度的影响很大②。王思文和管新帅(2013)采用 1998—2008 年中国工业企业的微观数据,通过基于 probit 模型的实证分析得出,企业的规模、年龄等自身属性以及基础设施状况等内部因素都对企业迁移意愿具有重要影响③。

此外,情感因素作为企业家的内在属性之一,同样也对企业迁移行为有着不可忽视的作用。李彦军等(2016)采用问卷调查的方式,对武汉、铜仁、徐州与怀化等四座城市 289 家企业进行研究分析,结果表明情感因素对企业迁移决策具有显著促进作用,其中冒险精神、特殊区位偏好与员工追随企业可能性等显著促进企业迁移行为的发生,而乡土情结阻碍企业迁移行为的发生。④

三、政策因素

20 世纪 50 年代开始,荷兰、法国等国家相继出台了一系列政策鼓励企业迁往发展相对落后或经济面临衰退的地区,这些政策的实施效果良好,避免了工业过度集中于某一地区,也促进不同区域的收入和就业更加平等。这一时期的企业迁移研究多与这些政策相关,学术界出现了大量关于区域的经济结构和经济政策对企业迁移影响的研究(Pellenbarg et.al.,2002)⑤。

Klaassen 和 Molle(1983)研究了区域政策对希腊、爱尔兰、比利时等欧洲

① 衣长军:《闽东南地区民营企业迁移与投融资环境优化研究》,《哈尔滨学院学报》2005年第 11 期。

② 钱文荣、乌静琼:《城市化过程中农村企业迁移意愿实证研究》,《浙江社会科学》2003 年第 1 期。

③ 王思文、管新帅:《企业迁移决定:来自中国工业企业的经验证据》,《天津财经大学学报》2013 年第 4 期。

④ 李彦军、吴迪:《情感因素对企业迁移行为的影响研究》,《管理世界》2016 年第 6 期。

⑤ Pellenbarg P H,van Wissen L J G,van Dijk J,"Firm Migration",in *Industrial Location Economics*,P.McCann(eds.),Cheltenham:Edward Elgar,2002,pp. 110-148.

国家企业迁移的影响①。研究发现,分散化和郊区化转移是这些国家企业迁移的主要特点。所谓分散化转移主要是指企业的跨区域迁移,区域政策鼓励企业通过成立新的分支机构等形式进行转移,将原企业部分经济活动转移到欠发达地区以带动其经济发展;郊区化转移是指企业在区域内进行转移,区域政策通常是鼓励企业由市中心迁往郊区或其他外围地区,从而促进该区域的城乡一体化进程。

Orton 和 Santagata(1983)介绍了意大利都灵的土地使用政策对企业迁移的影响②。Goss 和 Phillips(2001)研究了税收等财政政策对企业迁移的影响。③ 然而,税收等优惠政策在不同地区之间应具有差异性,唐飞鹏(2016)在两级政府框架下,构建了一个反映地方政府财政竞争与企业利润关系的理论模型,研究结果表明具有高治理能力的地区需要坚决清理税收优惠,同时加强公共产品的供给;而治理能力低的地区,政府应在规范的前提下对税收政策予以保留或加强。④ Pellenbarg 和 Pen(1998)分析了荷兰的企业迁移现象,认为企业迁移与一系列政策的出台和实施有关,例如调整产业结构、城市规划以及环境管制等⑤。

在以往的研究中,学者们关于政策因素对企业迁移的影响持有不同的观点。一部分学者认为政府出台的政策会影响企业迁移行为(Keeble,1976⑥;

① Klaassen L H,Molle W T,*Industrial Mobility and Migration in the European Community*,Rotterdam:Gower,1983,pp. 727−728.

② Ortona G,Santagata W,"Industrial Mobility in the Turin Metropolitan Area 1961−1977",*Urban Studies*,Vol. 20(1),1983,pp. 59−71.

③ Goss E P,Phillips J M,"The Impact of Tax Incentives:Do Initial Economic Conditions Matter?",*Growth & Change*,Vol. 32(2),2001,pp. 236−250.

④ 唐飞鹏:《省际财政竞争、政府治理能力与企业迁移》,《世界经济》2016 年第 10 期。

⑤ Pellenbarg P H,Pen C J,"Central,Provincial,and Municipal Government Policy in the Netherlands and the Impact on Firm Migrations",in *European Regional Science Association Conference Papers*,1998.

⑥ Keeble D,*Industrial Location and Planning in the United Kingdom*,London:Methuen & Co.,1976.

刘可文,2016[1]),随着企业的迁移,区域的经济发展也会受到影响。另外一部分学者认为企业迁移对区域经济发展的影响往往不同于政府政策的初衷,并不能协调区域发展(Camerron 和 Clark,1968)[2]。其中,环境管制政策对企业创新甚至有显著的阻碍作用,影响企业发展(Beibei 和 Chen,2018)[3]。

杨菊萍等(2011)基于对 2000—2009 年中国重要报纸全文数据库中 116 次企业迁移相关报道的内容分析,发现政策因素是促进企业迁移最重要的动因,战略因素和经济因素次之,而情感因素的影响十分有限[4]。杨本建、毛艳华(2014)基于广东省产业转移的调查数据,研究得出具有投资规模大、用地面积大、整体迁移等特点的企业更容易受产业转移政策的影响。他们进一步研究了产业转移政策实施效果与预期的差异,为政策的合理制定提供了参考意见[5]。承接地政府的优惠政策以及迁出地和承接地环境规制力度的差别(周华蓉、贺胜兵,2015)[6]、政府领导人(曾鹏,2013)[7]同样也是影响企业迁移的重要因素。一部分企业由于政策的吸引主动迁移,但也有一些企业在政策的强制作用下被动迁移。傅晓霞等(2007)通过对北京市被动迁移的企业进行研究,发现企业迁移的关键动因是政府为调整工业布局颁布了一系列政策法规[8]。

---

① 刘可文:《区域政策对企业区位选择的影响机理》,科学出版社 2016 年版。

② Camerron G C,Clark B D,"Industrial Movement and the Regional Problem",*The Economic Journal*,Vol. 78(312),1968,pp. 931-933.

③ Beibei Shi,Chen Feng,Meng Qiu,Anders Ekeland,"Innovation Suppression and Migration Effect:The Unintentional Consequences of Environmental Regulation",*China Economic Review*,Vol. 49,2018,pp. 1-23.

④ 杨菊萍、贾生华:《企业迁移的动因识别——基于内容分析法的研究》,《地理科学》2011年第 1 期。

⑤ 杨本建、毛艳华:《产业转移政策与企业迁移行为——基于广东产业转移的调查数据》,《南方经济》2014 年第 3 期。

⑥ 周华蓉、贺胜兵:《政策引导下企业跨区域迁移的演化博弈分析》,《湖南科技大学学报(社会科学版)》2015 年第 2 期。

⑦ 曾鹏:《区域技术战略对企业迁移作用的分析框架及演化过程研究》,《科技进步与对策》2013 年第 24 期。

⑧ 傅晓霞、魏后凯、吴利学:《城市工业搬迁的动因、方式和效果——以北京市为例》,《经济管理》2007 年第 21 期。

四、区位因素

进入 21 世纪后,随着区域一体化进程的加快,企业迁移研究的焦点逐渐转移到区位因素上,研究表明区位因素也是影响企业迁移的重要因素(Barbier 和 Hultberg,2001)[1]。从区位因素角度研究企业迁移的成果十分丰富,其中最为著名的是国际生产折衷理论(Dunning,1980;Dunning,1993),该理论指出企业从事国际直接投资是由该企业所拥有的所有权优势、内部化优势和区位优势三大基本因素所共同决定[2][3]。此外,决定外商在该区位进行直接投资的关键区位因素还有原材料和劳动力供给、地理靠近程度、交通成本、市场规模和经济增长、政治法律环境、迁入地政策、迁入地产业竞争程度、迁入地基础设施状况等(Tatoglu 和 Glaister,1998)[4]。社会经济条件的差异是影响企业跨国迁移的重要影响因素之一,Kapitsinis(2018)于 2014 年对从希腊迁往保加利亚的中小企业进行田野调查,研究表明希腊产业结构的单一、层出不穷的寻租与腐败现象、脆弱的社会信任、短视主义与低水平的商业预期都是影响其中小企业外迁的要素[5]。此外,具备交通中转站(如地铁、火车站)的地区同样对迁移企业具有吸引力,此时企业迁移决策分为两步:1. 迁入该区域;2. 在该区域建立经济活动网络、商业联系、顾客与劳动力基础后,企业会因追逐较低地租或

①　Barbier E B, Hultberg P T, "Economic Integration, Environmental Harmonization and Firm Relocation", *Environment & Development Economics*, Vol. 12(3), 2007, p. 379.

②　Dunning J, "Toward an Eelectie Thery of Intemational Production", *Journal of International Business Studies*, Vol. 11(1), 1980, pp. 9−31.

③　Dunning J, *Multinational Enterprises and the Global Eeonomy*, New York: Addison Wesley Publishing Ltd., 1993.

④　Tatoglu E, Glaister K W, "An Analysis of Motives for Western FDI in Turkey", *International Business Review*, Vol. 7(2), 1998, pp. 203−230.

⑤　Kapitsinis N, "Interpreting Business Mobility through Socio-economic Differentiation. Greek Firm Relocation to Bulgaria before and after the 2007 Global Economic Crisis", *Geoforum*, Vol. 96, 2018, pp. 119−128.

其他因素而迁移到该区域的外围(Iseki 等,2018)①。

国内主要从两个方面对企业迁移受区位因素的影响进行了研究,一是企业迁移的宏观层面即产业转移,二是与外部、内部、政策因素相结合的区位选择。在产业转移研究方面,安礼伟等(2004)分析了在产业转移时,长三角 5 个城市的商务成本对区位选择的影响,发现商务成本较低的地区更容易成为企业或产业迁移时的目标区位②。此外,区域技术战略的实施(曾鹏,2014)③和产业基础(王夏倩,2016)④也会影响产业转移。另一方面,劳动力、原材料、市场规模、经济结构、交通成本、政府出台的政策法规等都是可供投资选择的区位因素(魏后凯等,2001)⑤。

第三节 企业迁移决策的研究

20 世纪 90 年代开始,企业迁移决策开始成为企业迁移研究的范畴,此后研究力度逐渐加大,研究成果不断丰富。研究发现企业规模、制度文化因素、生命周期(Dijk 和 Pellenbarg,1999)⑥、正式和非正式网络(Martin,2000)⑦等因素都对企业迁移决策有重要影响。

Pred(1969)对有限信息的作用、信息的使用能力、感知和智力、不确定因

① Iseki H,Jones R P,"Analysis of Firm Location and Relocation in Relation to Maryland and Washington,DC Metro Rail Stations",*Research in Transportation Economics*,Vol.67,2018,pp.29-43.

② 安礼伟、李锋、赵曙东:《长三角 5 城市商务成本比较研究》,《管理世界》2004 年第 8 期。

③ 曾鹏:《协同学视角下区域技术战略实施对企业迁移影响效果评价及改进策略研究》,《科技进步与对策》2014 年第 2 期。

④ 王夏倩:《区域政策对企业迁移的影响和作用机制——以广东省"腾笼换鸟"政策下的手机企业迁移为例》,《中小企业管理与科技(中旬刊)》2016 年第 3 期。

⑤ 魏后凯、贺灿飞、王新:《外商在华直接投资动机和区位因素分析》,《经济研究》2001 年第 2 期。

⑥ Dijk J V,Pellenbarg P H,"Demography of Firms:Spatial Dynamics of Firm Behavior",*Nederlandse Geografische Studies*,Vol.262,1999,pp.120-156.

⑦ Martin R,"Institutional Approaches in Economic Geography",in *A Companion to Economic Geography*,Sheppard E,Barnes T J(eds.),Oxford:Blackwell,2000,pp.77-94.

素这四个因素进行组合,建立了决策制定行为矩阵。矩阵由信息的可取性和信息的使用能力两个维度构成,企业选择最优区位的条件是这两个维度同时渐强,否则只能选择次优或非优的区位①。Zimmer 和 Nakosteen(1987)建立了企业迁移决策模型,分析得出对企业迁移起决定性作用的因素是企业利润②。

与此同时,企业迁移决策过程开始成为学者们的研究重点。Louw(1996)认为企业迁移决策有意向、选择和谈判三个阶段。他认为在不同阶段,对企业迁移决策起主导作用的因素也不同。地理位置等空间因素在意向和选择阶段中为主要因素,金融和合同则在谈判阶段起主要作用③。Pellenbarg(1999)以 Louw(1996)提出的三阶段理论为基础提出了七阶段论,即问题识别、问题诊断、战略形成、搜寻阶段、选择阶段、发展阶段和实施阶段④。基于已有的三阶段模型和七阶段模型,Pellenbarg(2005)提出了五阶段论,将企业迁移决策分为是否作出迁移决策、备选区位研究、备选区位评价、新区位的最终选择和新区位评价五个阶段⑤。

在国内,李彦军、谢尚(2018)采用贝叶斯判别法构建企业迁移决策模型,综合分析了经济因素、政策因素、战略因素和情感因素对企业迁移决策的影响⑥。另外一些学者采用模糊综合评判决策模型研究企业迁移决策,该模型通过综合分析企业的资源禀赋、行业发展环境和区位的经济发展水平,使企业

① Pred A R, "Behavior and Location: Foundations for Geographic and Dynamic Location Theory: Part I", *Economic Geography*, Vol. 45(2), 1969, pp. 183–184.

② Zimmer M A, Nakosteen R A, "Determinants of Regional Migration by Manufacturing Firm", *Economic Inquiry*, Vol. 25(2), 1987, pp. 351–362.

③ Louw E, "Kantoorgebouw en vestigingsplaats. Een geografisch onderzoek naar de rol van huisvesting bij locatiebeslissingen van kantoorhoudende organisaties", *Breast Cancer Research & Treatment*, Vol. 21(1), 1996, pp. 63–75.

④ Pellenbarg, PH, "Firm Migration and Central Government Policy: An Overview", in *Grensoverschrijdende Activiteiten in Beweging: Grensregio's, Onderzoek en Beleid*, F Boekema & G Allaert (eds.), Assen: Koninklijke Van Gorcum, 1999, pp. 151–170.

⑤ Pellenbarg P H, "Firm Migration in the Nertherlands", *General Information*, Vol. 5(6), 2005, pp. 976–978.

⑥ 李彦军、谢尚:《企业迁移决策及其影响因素研究》,《中南民族大学学报(人文社会科学版)》2018 年第 3 期。

能够准确把握现状,从而指导企业作出迁移决策。此外,研究认为企业迁移研究是一个动态发展过程,它的决策机制与互动机制会随着企业迁移发展阶段而改变(覃利春,2015)。[①]

第四节　异质性企业迁移的研究

综观现有的企业迁移研究发现,已有不少学者关注到企业的性质不同其迁移的特点也不尽相同。企业的规模、产业及其所属行业的差异,都会使其在迁移行为中的表现有所区别。

Dunne 和 Hughes(1994)认为对不同产业而言,服务企业比制造企业更可能出现迁移倾向,造成这一差异的主要原因是具有较强灵活性和流动性的服务业企业相对更容易实现企业迁移[②]。Dijk 和 Pellenbarg(2000)采用计量模型进行实证分析,发现商业服务业和批发业的迁移意愿比餐饮业和零售业要强。总的来说,企业规模越小,迁移倾向更高[③]。Turcu 等(2013)通过研究欧盟跨国研发企业发现,集聚经济、人力资本、与卓越研究中心接近度和区域创新能力是这类企业海外研发子公司区位选择的影响因素[④]。根据首尔都市圈的公司注册数据,An 和 Wan(2018)发现影响制造业企业迁移的主要因素是土地成本与网络搬迁距离;重工业企业更青睐迁移至靠近主要港口的地点;此外,高科技企业家更被企业密度、区位商等集聚要素所吸引[⑤]。在企业集群方

---

① 覃利春:《我国企业迁移的抉择机制与互动机制》,《当代经济管理》2015 年第 11 期。

② Dunne P,Hughes A,"Age,Size,Growth and Survival:UK Companies in the 1980s",*Journal of Industrial Economics*,Vol. 42(2),1994,pp. 115−140.

③ Dijk J V,Pellenbarg P H,"Firm Relocation Decisions in The Netherlands:An Ordered Logit Approach",*Regional Science*,Vol. 79(2),2000,pp. 191−219.

④ Turcu C,Siedschlag I,Smith D,et.al.,"What Determines the Location Choice of R&D Activities by Multinational Firms?"*Research Policy*,Vol. 42(8),2013,pp. 1420−1430.

⑤ An Y,Wan L,"Modelling Industrial Firm Relocation with Impacts of Spatial Dependence",*International Journal of Urban Sciences*,vol. 22(1),2018,pp. 80−103.

面,*Yi*(2018)发现制造业企业对企业集聚的偏好在其生命周期中不断改变①。

白玫(2003)比较了影响企业迁移的各类因素,指出制造企业的迁移概率比其他行业企业高②。范作冰(2011)基于 Logit 模型分析发现,浙江的丝绸企业中有意愿迁移到其他地区的占80%。相对于中下游丝绸企业,上游丝绸企业的迁移意愿更强,且中西部地区是主要的迁移目标区位,通过进一步分析发现影响丝绸企业迁移的重要因素还有企业自身资源禀赋、要素成本、集聚效应、政策等因素③。梁育填等(2013)通过对东莞市迁移企业进行研究,发现要素成本、环境管制、区域依赖性和地方政府博弈相互作用促使劳动密集型企业迁出,而资本技术密集型企业的迁入是产业政策、产业基础、区域软环境和区域创新要素等因素共同作用的结果④。刘颖等(2014)通过实证研究发现环境规制、产业联系和政府博弈是影响污染企业迁移意愿的重要外部因素,企业规模是重要内部因素。且在外部因素的影响下,污染企业迁移意愿与企业规模呈"倒 U 型"关系⑤。在对我国工业企业的研究中,周正柱与孙明贵(2014)发现以商业设施、土地成本与劳动成本为代表的要素成本是影响我国工业企业迁移的主要因素。⑥在对资源型企业的研究中,李彦军等(2015)发现以环境管制、行政效率等指标为代表的政策因素是影响企业迁移决策的首要因素,它与战略因素、情感因素共同促进迁移行为的发生,但经济因素却会阻碍迁移行为的产生。⑦

---

①　Yi Y,"Firm Relocation and Age-dependent Reliance on Agglomeration Externalities",*Annals of Regional Science*,Vol. 61(2),2018,pp. 439–456.

②　白玫:《跨国公司的国际迁移战略研究》,《河南师范大学学报(社会科学版)》2003 年第 2 期。

③　范作冰:《浙江丝绸企业迁移意愿影响因素的 Logit 分析》,《丝绸》2011 年第 6 期。

④　梁育填、樊杰、柳林等:《优化开发区域制造业企业迁移的因素及其区域影响——以广东东莞市为例》,《地理研究》2013 年第 3 期。

⑤　刘颖、周沂、贺灿飞:《污染企业迁移意愿的影响因素研究——以浙江省上虞市为例》,《经济地理》2014 年第 10 期。

⑥　周正柱、孙明贵:《商务成本对企业迁移区位选择的影响研究——基于 26 个省(市)规模以上工业企业的面板数据模型》,《上海经济研究》2014 年第 12 期。

⑦　李彦军、戴凤燕、李保霞等:《政策因素对资源型企业迁移决策影响的实证研究》,《中国人口·资源与环境》2015 年第 6 期。

从全国范围看,不同行业企业的迁移特点存在一定规律性,李彦军等(2015)采用 2000—2014 年中国重要报纸全文数据库中涉及的 150 个企业 154 次迁移行为的报道,运用内容分析法进行研究,发现我国制造业企业迁移比例较大,但第三产业迁移比例较小且多受经济因素影响力度大;高污染、高能耗企业迁移距离短,受政府规划影响力度大;劳动密集型企业已显现出梯度转移的趋势,且迁入地大多为西部地区。[①] 较小地域范围内不同行业企业迁移行为同样存在一定规律性,郭杰等(2012)发现我国西部大城市制造业大体经历了向心式集中迁移、中心—外围互迁与外向型跨越式迁移三个阶段[②]。李俊峰等(2018)[③]运用 UCINET 社会网络分析与 ROST 内容分析法对杭州市 761 家企业进行研究,发现不同行业企业迁移模式有所差异:制造业企业向基础设施不断完善的郊区迁移,呈现出中心—外围扩散模式;批发零售业迁移跨度较小,呈现出聚集与扩散并存模式;信息传输、软件和信息技术服务业企业迁移呈现出多中心高度集聚模式;最后,科学技术服务业呈现出双路径迁移模式。在对中小企业的迁移研究中,学者们发现企业用地、管理人来源、技术含量是影响企业迁移的关键要素(蔡春萍等,2014)[④],此外,中小企业迁往欠发达地区的意愿并不如梯度理论分析中那么活跃,而更多地显露出东南沿海地区产业转移的滞后性(林小阳,2010)。[⑤]

乡村企业的迁移是中国企业迁移的重要部分。一般而言,乡村企业的规

①　李彦军、王婷婷:《我国企业迁移的行业差异性分析》,《中南民族大学学报(人文社会科学版)》2015 年第 6 期。

②　郭杰、杨永春、冷炳荣:《1949 年以来中国西部大城市制造业企业迁移特征、模式及机制——以兰州市为例》,《地理研究》2012 年第 10 期。

③　李俊峰、陶世杰、高凌宇:《跨江发展下杭州市企业迁移空间模式及影响机制》,《地理科学》2018 年第 1 期。

④　蔡春萍、韦素琼、陈松林等:《中小企业迁移:滞后性及其制约因素——基于晋江市安海镇的实证分析》,《经济地理》2014 年第 10 期。

⑤　林小阳:《中小企业迁往欠发达地区的实证研究——以福建泉州市为例》,《科技信息》2010 年第 23 期。

模相对较小,因此企业家对生活的满意度(钱文荣、乌静琼,2003)①、扩大生产规模、集群环境、土地价格与运输成本(储德平等,2016)②构成了乡村企业迁移的主要动机,而企业资源来源与获取资源通道则影响着乡村企业的迁移意愿(张学华,2013)。

大量企业往往追逐知识溢出、规模效应、共享中间投入品与劳动力市场等集聚优势而形成企业集群。吴波(2012)利用问卷调查的手段对浙江慈溪家电产业集群进行研究,发现产业诚信与本地社会治安等区域层面不可控要素是影响集群企业外迁的关键动因;此外,从企业层面看,能力较强的集群企业并未表现出显著的外迁意愿。与此同时,规模较大的家电集群企业呈现出显著的留守意愿③。李海秋(2013)从动态能力视角入手,研究发现作为高阶能力的吸收能力与市场不确定性显著影响高品质集群企业迁移意愿④。陈志雄等(2014)则发现集群企业外迁动力主要来源于劳动力成本、市场接近度、土地获取成本和当地产业优惠政策⑤。

第五节　企业总部迁移的研究

近几年,企业迁移开始出现企业总部迁移的特点,总部经济成为国内外许多地区发展的热点,也因此引发了一系列新的问题,越来越多的学者开始关注到总部经济现象。

① 钱文荣、乌静琼:《城市化过程中农村企业迁移意愿实证研究》,《浙江社会科学》2003年第1期。
② 储德平、伍骏骞、卫龙宝:《区域分异视角下乡村企业入城意愿分析——基于浙、豫、川三省193家企业的实证研究》,《中国人口·资源与环境》2016年第5期。
③ 吴波:《基于集聚优势耗散的集群企业外迁动因实证研究》,《科研管理》2012年第11期。
④ 李海秋:《高品质集群企业迁移意愿形成机理研究——基于濮院羊毛衫产业集群的实证研究》,《软科学》2013年第3期。
⑤ 陈志雄、任国良:《集群演化、企业迁移与制造业集群升级——以慈溪家电产业集群为例》,《南通大学学报(社会科学版)》2014年第6期。

　　总部是一个企业的核心,在企业的运营发展中扮演着举足轻重的角色。企业总部通常负责企业战略决策的制定和下达,因此企业总部更愿意向总部相对集中和商务服务更多元的城市迁移(Davis 和 Henderson,2008)[1]。例如出口企业总部为获取知识溢出效应通常有迁往出口企业总部集聚地的趋势(Lovely、Rosenthal 和 Sharma,2005)[2]。随着交通网络不断健全,信息技术的日渐发达,机场的可达性和通信技术的发展优势逐渐显现,越来越多的总部被此吸引而选择迁入(Henderson 和 Ono,2008;Strauss-Kahn 和 Vives,2009)[3][4]。

　　与国外企业总部迁移基本类似,在区位选择方面中国上市企业总部迁移也多以经济发展水平较高的大型城市为目标区位(魏后凯、白玫,2008[5];白玫,2016[6]),其中首选是北京和上海(潘峰华等,2013)[7],其次相对领先的是天津和深圳(武前波、宁越敏,2010)[8]。这些城市之所以成为企业总部争相迁往的地区,主要源于其区域总部集聚效应以及在商务、信息、技术、金融等方面优势(吴波,2013)[9],其中从获取迁入地总部集聚优势来看,规模小的企业总

---

① Davis J C,Henderson J V,"The Agglomeration of Headquarters",*Regional Science and Urban Economics*,Vol.(38),2008,pp.445-460.

② Lovely M E,Rosenthal S S,Sharma S,"Information,Agglomeration,and the Headquarters of U.S.Exporters",*Regional Science and Urban Economics*,Vol.35(2),2005,pp.167-191.

③ Henderson J V,Ono Y,"Where Do Manufacturing Firms Locate Their Headquarter?"*Journal of Urban Economics*,Vol.63,2008,pp.431-450.

④ Strauss-Kahn V,Vives X,"Why and Where Do Headquarters Move?",*Regional Science and Urban Economics*,Vol.39,2009,pp.168-186.

⑤ 魏后凯、白玫:《中国上市公司总部迁移现状及特征分析》,《中国工业经济》2008 年第9 期。

⑥ 白玫:《中国企业总部迁移理论与政策研究》,经济管理出版社 2016 年版。

⑦ 潘峰华、夏亚博、刘作丽:《区域视角下中国上市企业总部的迁址研究》,《地理学报》2013 年第 4 期。

⑧ 武前波、宁越敏:《中国制造业企业 500 强总部区位特征分析》,《地理学报》2010 年第2 期。

⑨ 吴波:《中国制造企业总部迁移的目标区位选择——基于泉州鞋帽服装知名民企的案例研究》,《经济地理》2013 年第 9 期,第 81—86 页。

部比规模大的企业总部更容易获得优势(吴波、赫云宏,2014)[①]。从不同行业总部迁移的特点来看,服务业迁移频率远高于制造企业,但频率最高的是房地产业和采掘业(潘峰华等,2013)。

第六节　企业迁移的绩效

企业的迁移行为会影响自身的经济活动,使企业不断壮大(Macuchova,2015)[②],促进企业成长(吴波,2012)[③]。杨菊萍(2015)的研究结果表明,迁移集群企业成长绩效优于未迁移企业,也优于行业平均水平[④]。同时企业迁移还具有很强的溢出效应,可能会使迁入地和迁出地的产业结构乃至经济发展发生改变(刘怀德,2001)[⑤],还是导致区域经济发生波动、区域之间经济同步化的主要推动力(孙启明等,2012)[⑥]。赵弘(2004)认为企业迁移效应的具体表现有四种,即就业效应、消费带动效应、税收和GDP贡献效应以及社会资本效应[⑦]。此外,企业迁移过程需要政府的合理引导,否则可能导致地区产业和资本出现空洞。从某种程度上看,企业迁移是一个以企业与各地政府、各地政府之间为主的动态博弈过程(魏后凯,2003)[⑧],因此政府必须对企业迁移行为进行引导和调节以提高本地区的经济发展质量。总体来说,企业迁移对迁入

---

① 吴波、郝云宏:《中国上市公司总部迁移绩效影响因素研究:迁入地优势及其分异获取机理》,《南开管理评论》2014 年第 4 期。

② Macuchova Z, "Firm Relocation and Firm Profits: Evidence from the Swedish Wholesale Trade Sector", Working papers in *Transport*, *Tourism*, *Information Technology and Microdata Analysis*, 2015.

③ 吴波:《区位迁移与企业成长理论与实证研究》,浙江工商大学出版社 2012 年版。

④ 杨菊萍:《集群企业的迁移决策、行为与绩效》,浙江大学出版社 2015 年版。

⑤ 刘怀德:《经济发展中的企业迁移》,《财经理论与实践》2001 年第 5 期。

⑥ 孙启明、白丽健、彭惠等:《区域经济波动的微观动态基础:企业迁移和产业转移》,《经济学动态》2012 年第 12 期。

⑦ 赵弘:《总部经济发展中需要解决的若干问题》,《中国高新区》2004 年第 10 期。

⑧ 魏后凯:《产业转移的发展趋势及其对竞争力的影响》,《福建论坛(经济社会版)》2003 年第 4 期。

地、迁出地和整个社会的影响是双面的。

劳动密集型企业外迁迫使其改进生产设备、提高技术水平、延长产业价值链、改善环境质量（Scull，2014）[①]，从而实现迁入地产业转型升级（Liao 和 Chan，2011）[②]。而资本密集型企业会使迁入地的产业结构层次得到提升，从仅具有成本优势转化为兼具技术和资本双重优势，进而提高整个区域的经济竞争力（申勇，2008；蒋媛媛，2009；林必越，2014；张伟、王韶华，2016）[③④⑤⑥]。

关于企业迁移对迁出地的影响，有一些学者提出企业迁移会给迁出地的经济带来一系列的问题。企业外迁速度过快或企业迁移规模过大都可能造成迁出地的产业链脱节甚至出现产业空心化，特别是当某地区的龙头企业发生了迁移，对该地区的产业发展影响则更大（华金秋、王媛，2008）[⑦]，甚至可能导致迁入区产业的非集群化与产业结构失衡（李世杰、唐潇丹，2013）[⑧]。纵观中国企业迁移现状，发现迁移企业中资源型企业和制造型企业占比最多，这势必会导致污染向迁入地转移，对迁入地的环境造成破坏（刘力、张健，2008）[⑨]，致

---

① Scull A，"Firm Relocation as A Potential Solution for Environment Improvement Using A SWOT-AHP Hybrid Method"，*Process Safety & Environmental Protection*，Vol. 92（3），2014，pp. 269-276.

② Liao H F，Chan R C K，"Industrial Relocation of Hong Kong Manufacturing Firms：Towards An Expanding Industrial Space beyond the Pearl River Delta"，*Geojournal*，Vol. 76（6），2011，pp. 623-639.

③ 申勇：《深圳企业外迁现象剖析及政策调整》，《当代经济》2008 年第 3 期。

④ 蒋媛媛：《我国东部制造业企业迁移的趋势及其机理》，《经济管理》2009 年第 1 期。

⑤ 林必越：《民营经济总部迁移影响因素与绩效研究》，经济科学出版社 2014 年版。

⑥ 张伟、王韶华：《整体迁移模式下承接产业与本土产业融合互动的情景分析——以河北承接北京八大产业转移为例》，《中国软科学》2016 年第 12 期。

⑦ 华金秋、王媛：《深圳企业外迁现象透视》，《深圳大学学报（人文社会科学版）》2008 年第 3 期。

⑧ 李世杰、唐潇丹：《我国电子信息产业集群地区间迁移的研究进展：动因、路径及效应》，《学习与实践》2013 年第 9 期。

⑨ 刘力、张健：《珠三角企业迁移调查与区域产业转移效应分析》，《国际经贸探索》2008 年第 10 期。

使环保部门的环境管制能力被削弱(冯俊诚,2017)①。对于落后地区而言,受到资金、技术等条件的限制,这些污染问题难以得到解决,长此以往使得人地矛盾日益突出。

第七节　企业迁移研究的评述

综上所述,国内外学者从各个角度对企业迁移现象进行了深入剖析,取得了丰硕的研究成果,对企业和区域发展都具有积极的指导意义。但也存在一些不足,尚未形成能够被统一接受的理论框架。现有研究主要存在以下问题:

1. 研究对象主要是已实施迁移的企业,较少涉及还未发生迁移行为的潜在迁移企业。部分企业虽没有发生过迁移行为,但是在各种因素的作用下已初步显现出迁移意愿,对这些企业的研究对于全面理解企业迁移的意愿及其产生非常必要。另外,由于数据的可得性,当前的研究大部分集中于宏观视角,并且定性研究偏多,从微观视角对企业迁移进行实证研究较少。

2. 研究内容主要集中在企业迁移的动机、影响因素、决策过程、对区域政策的影响等方面,且研究主要针对客观因素分析,缺乏从企业主观意愿视角的研究,对从企业主或企业决策者个人情感层面的企业迁移意愿方面的研究较为缺乏。

3. 被统一接受的理论框架与成熟的迁移决策模型也尚未形成,从主体意愿出发对企业迁移决策与迁移空间引导研究还存在不足。

---

① 冯俊诚:《所有制、迁移成本与环境管制——来自重庆微观企业的经验证据》,《财贸经济》2017 年第 4 期。

第二章　我国企业迁移的现状与特征

20世纪末,我国开始出现企业大规模迁移的现象,这一时期主要以沿海发达地区民营企业外迁为主。随着我国改革开放的不断深入,这些地区企业的发展逐渐受到资源环境和土地发展空间等因素的约束,从而选择了迁移。进入21世纪以来,我国企业迁移活动日益频繁,学者们逐渐开始关注企业迁移这一现象。现今,企业迁移已成为研究区域经济学和经济地理学这两门学科的热点问题。本章将从现状和特征两个方面出发对我国企业迁移进行全面梳理和探讨。

第一节　企业迁移的类型

企业迁移类型多种多样,为了全面厘清其特征,对其进行分类。按照迁移原因、距离等因素,企业迁移可以从以下几个角度进行分类:

(1)按存量与增量划分,可以将其划分为绝对迁移与相对迁移。[1][2]

(2)按企业迁移驱动力划分,可以将其划分为政策驱动型迁移和市场驱动型迁移。[3]

---

① 刘怀德:《经济发展中的企业迁移》,《财经理论与实践》2001年第5期。
② 郝云宏:《企业区位战略决策论》,浙江工商大学出版社2010年版,第124页。
③ 魏后凯、白玫:《中国企业迁移的特征、决定因素及发展趋势》,《发展研究》2009年第10期。

(3)按企业迁移的内容划分,可以将其划分为生产型迁移、知识型迁移和管理型迁移。①

(4)按企业迁移原因划分,可以将其划分为市场扩张型迁移、成本推动型迁移和政策追逐型迁移。②

(5)按企业迁移的距离划分,根据企业迁入地与迁出地空间距离的远近,可以将迁移行为划分为近距离迁移、中长距离迁移及远距离迁移。③

(6)按企业迁移区域划分,根据企业迁移是否在同一区域,可以将企业迁移划分为区内迁移与区际迁移。④

(7)按企业家主体的视角划分,可以将企业迁移划分为生存推动型迁移、机会诱发型迁移与政策导向型迁移。⑤

表 2-1　企业迁移类型

划分方式	迁移类型	特征
增量与存量	绝对迁移	整体搬迁
	相对迁移	部分地区布局调整
迁移驱动力	政策驱动型	受当地政策主导
	市场驱动型	受市场力量主导
迁移内容	生产型迁移	转移或新建生产基地
	知识型迁移	转移或新建研发机构
	管理型迁移	转移或新建管理部门

---

① 刘怀德:《经济发展中的企业迁移》,《财经理论与实践》2001 年第 5 期。
② 申恩平:《金融危机下的企业迁移行为》,浙江大学出版社 2011 年版。
③ 魏后凯、白玫、王业强等:《中国区域经济的微观透析——企业迁移的视角》,经济管理出版社 2010 年版,第 57 页。
④ 白玫:《中国企业总部迁移理论与政策研究》,经济管理出版社 2016 年版,第 52 页。
⑤ 李彦军:《企业迁移的模式及其区域效应》,《经济界》2014 年第 7 期。

划分方式	迁移类型	特征
迁移原因	市场扩张型迁移	自身市场扩张行为,追逐更多市场机会
	成本推动型迁移	追逐成本的降低
	政策追逐型迁移	通常是原区域产业升级而强制性被动迁移
迁移距离	远距离迁移	迁移距离大于3000公里
	中长距离迁移	迁移距离为1000公里至3000公里
	近距离迁移	迁移距离小于1000公里
迁移区域	区内迁移	同一个区域内迁移
	区际迁移	两个区域之间迁移
主体视角	生存推动型迁移	因资源约束或成本压力被动式迁移
	机会诱发型迁移	企业追求扩张而主动性迁移
	政策导向型迁移	强制性被动迁出或是追逐政策红利而发生的迁移

第二节 我国企业迁移的总体特征

　　由于我国尚未建立完善的企业迁移数据统计资料库,企业迁移微观数据的获取相对困难,但对于企业迁移现象,全国各地的报刊媒体有着广泛的报道,并且所报道的信息即时真实。故本部分选用中国知网 2000 年至 2017 年中国重要报纸全文数据库作为数据来源,以文章全文中含有企业迁移、公司迁移、外迁、搬迁、迁址等关键词进行检索,共提取与企业迁移相关的报道材料 795 条。剔除重复性、无相关性或相关性不强及无用信息后,最终提取出 171 条与企业迁移相关的报道信息,其中涉及 200 家企业的 206 次迁移行为。在对 200 家企业共 206 次迁移行为数据分析筛选后,共获得迁移企业行业类别、迁移时间、迁移类型、迁移方式及迁移原因等五类信息。

200 家企业涉及化工业、机械制造业、汽车制造业及保险业等 32 个行业，迁移时间跨度为 1997 年至 2017 年。迁移类型分为跨区域和区域内，在数据处理时将企业的原所在地与迁入地不在同一城市视为跨区域迁移，同一城市内的迁移视为区域内迁移。

迁移方式分类为整体迁移、部门迁移（其中将研发中心、经营地点、营销中心、生产线与生产基地视为部门迁移）与总部迁移。

迁移原因分为经济因素、战略因素、情感因素与政策因素四个方面，其中经济因素涉及劳动力、原材料、人才、信息、技术、交通、基础设施与市场分布等因素。战略因素涉及规模产能扩张、业务调整、避免恶性竞争、组织结构调整、提升知名度等因素。情感动因包括乡土情结、对特殊区位偏好等因素。政策因素主要包含优惠政策、旧城改造、退城进园、退二进三、产业布局与环境管理等因素。

一、迁移行业：制造业占主导地位

在 200 家迁移企业中，87.5% 的迁移企业属于第二产业，仅有 12.5% 的迁移企业属于第三产业，这说明在 2000—2017 年中国企业大规模迁移中第二产业企业占主导地位，其中，制造业企业占比高达 83.5%。由此可见，在我国企业迁移中，制造业占有绝对主导地位。

在制造业企业中，化工业与机械制造业企业迁移比例较高，分别达到了16% 和 12.5%。其次为医药制造业、服装制造业、汽车制造业和信息传输、计算机服务业等（表 2-2）。

表 2-2　迁移企业行业类型统计结果

行业类型	频次	比例（%）	行业类型	频次	比例（%）
机械制造业	25	12.50	家具制造业	6	3.00
陶瓷业	6	3.00	仪器仪表制造业	1	0.50

行业类型	频次	比例（%）	行业类型	频次	比例（%）
纺织业	7	3.50	通信设备制造业	1	0.50
化工业	32	16.00	其他制造业	4	2.00
玩具制造业	2	1.00	饮料制造业	3	1.50
酒类制造业	6	3.00	金属制品业	3	1.50
医药制造业	11	5.50	交通运输设备制造业	2	1.00
服装制造业	11	5.50	电气机械及器材制造业	3	1.50
电子设备制造业	8	4.00	橡胶制品业	3	1.50
汽车制造业	10	5.00	商业服务业	1	0.50
食品制造业	9	4.50	房地产业	5	2.50
钢铁业	8	4.00	保险业	4	2.00
建筑业	8	4.00	信息传输、计算机服务业	10	5.00
有色金属冶炼及压延加工业	3	1.50	证券业	2	1.00
烟草业	1	0.50	基金业	2	1.00
造纸及纸制品业	2	1.00	零售业	1	0.50

二、迁移速度：总体呈现加速态势

从迁移企业数量来看，尽管每年呈现较大的波动，但我国企业迁移总体呈现加速态势。2003 年以前企业迁移数量较少，2003 年开始迅速上升，在 2006 年达到顶点，之后再 2012 年出现一定幅度下降，但从 2015 年开始迅速反弹，继续呈现加速态势(图 2-1)。

从迁移比例最高的前六个行业来看，化工业企业迁移集中于 2006 年、2007 年、2011 年和 2016 年，机械制造业企业迁移集中于 2013 年之前，医药制造业企业迁移集中于 2007 年之后，服装制造业企业迁移集中于 2005—2010 年和 2015—2016 年这两个时间段，汽车制造业企业迁移集中于 2011 年之后，信息传输、计算机服务业企业迁移集中于 2003 年、2006 年与 2014—2017 年这三个时间段。

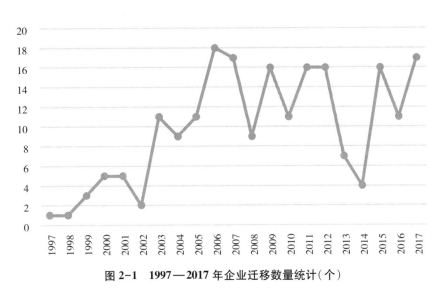

图 2-1　1997—2017 年企业迁移数量统计（个）

三、迁移原因：政策性因素是最主要原因

在 200 家迁移企业中，42% 的企业迁移原因为政策因素，40% 的企业迁移原因为经济因素，18% 的企业迁移原因为战略因素和情感因素。在第二产业的迁移企业中，48% 的企业迁移原因为政策因素，36% 的企业迁移原因为经济因素，16% 的企业迁移原因为战略和情感等因素。

在第二产业迁移企业中，化工、橡胶以及钢铁等高能耗、高污染行业企业由于在生产经营过程中对环境带来较大的破坏，随着近几年来环境管制的加强，迁往规划的目标区域或是环境管制相对宽松的欠发达地区。机械制造、医药制造、食品制造等行业企业迁移则主要是为了响应政府对产业转型升级的要求以及"退城入园"的规划调整。这些行业企业的迁移，往往也享受到府提供的一系列优惠政策。服装制造业、纺织业、家具制造业、玩具制造业与电子设备制造业等劳动密集型行业企业迁移的主要原因是经济因素，迁入地劳动力集聚优势、土地价格优势、原材料优势等一系列要素优势为这些企业的迁移提供了动力。汽车制造等具有一定自动化程度的行业企业迁移的原因多为战略因素,迁移的目的是为了寻求企业的扩张和更加广阔的产业布局。

在第三产业的迁移企业中,8%的企业迁移原因为政策因素,68%的企业迁移原因为经济因素,20%的企业迁移原因为战略因素,4%的企业迁移原因为情感因素。保险、基金、证券等金融行业企业迁移目的地多为发达地区,因为发达地区能为金融业发展提供良好的市场环境和优惠政策。房地产企业、计算机、软件、信息服务行业企业迁移主要为了获得迁入地人才、信息、金融、技术集聚等优势。第三产业也有一些企业由于原所在地运营成本和商务成本过高,从而迁往一些中小城市以降低成本。

四、迁移方式: 不同行业存在显著差异

在175家第二产业迁移企业中,93家企业选择了整体迁移,占比51%;50家企业选择了部门迁移,占比29%;35家企业选择了总部迁移,占比20%。化工业、机械制造业、汽车制造业、医药制造业、酒类制造业、电子设备制造业、纺织业等行业企业主要是整体迁移;家具制造业、服装制造业、玩具制造业、部分机械制造业等行业企业主要是部门迁移;建筑业企业主要是总部迁移。

在25家第三产业迁移企业中,20家企业为总部迁移,3家企业为整体迁移,2家企业为部门迁移。由于第三产业企业具有流动性强、灵活性大等特点,故第三产业内部各行业迁移方式并未表现出明显的差异性。

五、迁移类型: 跨区域迁移为主

在200家迁移企业中,55%的企业采取的是跨区域迁移,45%的企业选择了区域内迁移。在第二产业的迁移企业中,重化工行业企业主要选择的是区域内迁移,区域内迁移占比高达78%。机械制造业迁移企业中,也有74%的企业在区域内迁移。另外,钢铁、橡胶、医药制造等行业企业迁移也主要是在区域内迁移。主要原因是这些行业国有比重相对较高,受政策的影响相对更

大,一旦政府制定了相应的城市规划和产业发展政策,这一类企业就受政策影响实施外迁,但由于其对地方政府的税收贡献较大,一般会由中心城区迁往市郊,实现区内迁移。

高污染企业呈现跨区域迁移态势。陶瓷、电解铝等行业企业,大多迁入到中西部地区获得原材料优势。部分高污染企业迁移到省内其他市县,以缓解中心城市生态环境压力,并尽可能靠近原有的市场区位。一些化工企业、纺织企业选择了跨国迁移,并且随着时间推移,跨国迁移正在呈现加速增长的趋势。

劳动密集型企业的迁移也以跨区域迁移为主。服装制造、纺织、玩具制造与家具制造等行业企业大部分是从珠三角、长三角等沿海地区迁入中西部地区,其中江西、安徽、湖南与河南等地多为承接此类企业迁移的地区,呈现出东部向中西部转移趋势。

在第三产业迁移企业中,80%的企业选择了跨区域迁移,20%的企业选择区域内迁移。其中保险、基金、证券等金融行业企业中87.5%的企业都属于跨区域迁移,这类企业主要往发达地区迁移,获得技术、人才、资金等集聚优势;信息技术行业企业中90%的企业属于跨区域迁移,主要为了降低企业运营成本,获得迁入地信息、物流、人才、优惠政策等优势;房地产企业中60%的企业属于跨区域迁移,主要为了寻求企业规模的扩大和更好的产业布局。

六、迁移方向：发达地区向欠发达地区迁移

我国企业迁移表现出梯度转移特征,即从发达地区向欠发达地区迁移,在20世纪七八十年代,我国刚刚实行改革开放,拥有大量廉价劳动力,吸引一些境外企业纷纷迁入,主要来源于美国、日本等国家和地区。近年来,随着我国经济的不断发展,国内企业也纷纷从发达的沿海地区向中西部地区迁移,在2016年中外知名企业四川行活动中,四川省总共吸引了来自国内外投资者投资额超过2000万元以上的正式合同项目668个,投资总额达到5001.46亿

元,其中,来源于北京、广东、重庆、上海与浙江的项目投资额分别为 1715 亿元、542.01 亿元、460.76 亿元、447.25 亿元与 274.55 亿元,占总投资额的 68.77%。[①]

在经济不断发展过程中,对城市的发展也提出了更高的要求,在政府的规划和引导下,处于中心城市的大量企业进行了搬迁,大部分都是迁往了政府规划的开发区或周边地区。例如河北省日前制定出台《城市工业企业退城搬迁改造专项实施方案》,在 2017—2020 年期间,将把"退城搬迁"落实到全省范围内的 67 家城市工业企业之中。其中,有 42 家位于城市主城区,25 家位于县城建成区或开发区。2017 年对 28 家退城搬迁企业进行改造,主要涉及钢铁、石化、医药、水泥、玻璃、纺织与火电等行业。到 2020 年底,除一些必须依附于城市而存在的工业企业以及一些直接为城市服务的工业企业外,基本完成各市位于主城区内的重污染工业企业的搬迁和改造工作,并且将那些搬迁无意义以及存在恶劣环境影响的企业关停。

从我国企业跨国迁移的视角来看,随着我国劳动力成本的快速上升和土地租金的上涨,大量中国企业开始向境外迁移,尤其是越南、柬埔寨等东南亚地区。在"一带一路"倡议的推动下,中国企业积极投资于"一带一路"沿线国家。2016 年全年,"一带一路"沿线国家吸引来自中国直接投资达 145.3 亿美元,新签对外承包工程项目合同 8158 份,新签合同额 1260.3 亿美元。新加坡、印尼、泰国、马来西亚、越南与菲律宾等国家是投资资金的主要流向地,而金属和能源开采和制造业、基础设施如电力和建筑业,还有橡胶制品业则是投资的主要行业。南亚地区的印度和巴基斯坦是发展最快的地区,基础设施建设、信息通信技术、软件设计开发、金属开采和制造等行业的投资增长较快。产业园区建设是"一带一路"沿线的热点项目,截至 2016 年底,中国企业在"一带一路"沿线国家建立的初具规模的合作区占中国海外在建合作区总数

---

① 韩民权:《中外知名企业四川行:投资总额超 5000 亿元》,2016 年 4 月 12 日,见 http://news.cnr.cn/native/city/20160412/t20160412_521855205.shtml。

的 72.72%,共计 56 家,累计投资 185.5 亿美元,入区企业 1082 家,总产值 506.9 亿美元。①

第三节　我国企业迁移的产业特征

企业迁移在不同的行业呈现出不同的特征。为研究不同行业企业迁移的特征,我们分别对以纺织业为代表的传统劳动密集型产业、以金融业为代表的生产性服务业以及资源型产业的企业迁移特征进行了总结与梳理。

一、纺织业企业的迁移特征

(一)东部纺织企业正加速向中西部迁移

由于历史、区位等优势,相比于中西部地区,东部沿海地区与东北地区纺织产业率先发展了起来,并逐渐形成了产业集聚。特别是随着长三角地区的快速发展,该地区成为中国纺织工业发展最为繁荣的区域,其中浙江省纺织产业的发展势头最为良好。

但近些年来,由于受土地资源短缺、劳动力成本增高等一系列因素的制约,东部与东北纺织企业进一步发展受到了阻碍。2008 年,国际金融危机与中美纺织配额设限的取消等因素的叠加,对我国纺织业出口带来了巨大的冲击。宏观经济形势的巨大改变,加快了我国纺织业向中西部转移的步伐。

2008 年,我国东部地区规模以上纺织企业数量占全国比重为 83.66%,东北地区为 2.78%,中部地区为 10.17%,西部地区为 3.39%。到 2015 年,东部地区规模以上纺织企业数量占全国比重下降到 75.94%,下降了 7.72 个百分点;东北地区规模以上纺织企业数量占全国比重下降到 2.35%,下降了 0.43 个百分点;中部地区规模以上纺织企业数量占全国比重上升到 17.51%,上升

---

① 德勤:《国企投资东南亚意愿最高》,《中国黄金报》2017 年 4 月 28 日。

了 7.34 个百分点;西部地区规模以上纺织企业数量占全国比重上升到 4.2%,
上升了 0.81 个百分点。

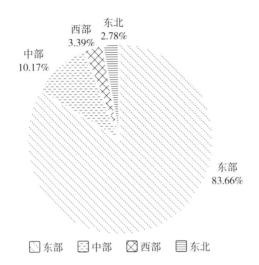

图 2-2　2008 年我国三大区域规模以上纺织业企业数量占全国比重

资料来源:中国纺织工业协会:《中国纺织工业发展报告(2008—2009)》,中国纺织出版社 2010 年版。

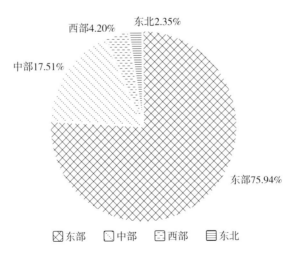

图 2-3　2015 年我国三大区域规模以上纺织产业企业数量占全国比重

数据来源:中国纺织工业协会:《中国纺织工业发展报告(2015—2016)》,中国纺织出版社 2016 年版。

　　就省份来看,东部地区除了河北之外,其他省份规模以上纺织企业数量都出现了下降,其中浙江与江苏下降幅度最大,分别减少 3392 家与 2578 家;东北地区除吉林出现少量增长外,辽宁与黑龙江分别下降了 397 家与 10 家企业;上海与广东也分别下降 1000 家以上。中部地区除山西出现少量下降之外,其他省份规模以上纺织企业数量实现了较快增长,其中安徽与江西上升最快,分别增加了 758 家与 668 家。西部地区除了重庆、四川、新疆与内蒙古出现小幅下降之外,其他省份规模以上纺织企业数量也都实现了增长,增长最快的是贵州与宁夏,分别增长 47 个与 43 个。

　　根据以上分析,我们可以得出结论:我国东部地区与东北地区纺织业企业数量仍然占主导地位,但正在加速向中西部地区迁移。

表 2-3　我国东西部各省份 2008—2015 年规模以上纺织企业数量变化情况(个)

西部地区	2008 年	2015 年	增减	东部地区	2008 年	2015 年	增减
重庆	243	201	-42	北京	443	174	-269
四川	525	517	-8	天津	463	196	-267
贵州	18	65	47	河北	1048	1073	25
云南	26	45	19	上海	2106	648	-1458
西藏	1	2	1	江苏	10744	8166	-2578
陕西	148	181	33	浙江	11712	8320	-3392
甘肃	45	46	1	福建	2327	2229	-98
青海	14	17	3	山东	5076	4142	-934
宁夏	42	85	43	广东	5586	4473	-1113
新疆	109	105	-4	海南	10	2	-8
内蒙古	240	156	-84				
广西	188	206	18				
中部地区	2008 年	2015 年	增减	东北地区	2008 年	2015 年	增减
山西	80	54	-26	辽宁	1122	725	-397
安徽	1023	1781	758	吉林	108	110	2

续表

中部地区	2008 年	2015 年	增减	东北地区	2008 年	2015 年	增减
江西	615	1283	668	黑龙江	85	75	-10
河南	1225	1586	361				
湖北	1398	1598	200				
湖南	462	483	21				

资料来源:中国纺织工业协会:《中国纺织工业发展报告(2008—2009)》《中国纺织工业发展报告(2015—2016)》,中国纺织出版社 2010 年版,2016 年版。

(二)省内迁移与短距离跨省迁移频繁

今天的企业迁移不仅仅是企业的空间置换,更是资本关联要素的空间重构。现代纺织业的产业范畴与过去有很大的不同。资本不仅有物质资本,而且有智力资本、要素资源和人力资源。不仅需要普通的劳动力,更需要对产品开发、设计等具有创新能力的高级技术人员。在沿海部分地区,经过多年积累,纺织产业集群初见规模,在产业链上的有限区域内,产业集聚发挥了良好效应,迅速提高了各种生产要素的流动效率,对企业生产环节改造升级、盈利增长起到了推动作用。而中西部地区相对东部地区来说,存在产业链配套不完整、技工短缺、劳动生产率低、投资软环境有待改善等问题。

从产业链的不同环节来看,由于中西部地区拥有相对丰富的劳动力,加工制造环节的纺织业企业,往往会迁往中西部地区,但对于处在价值链两端的研发和市场类企业则更愿意留在沿海大城市,以便更便捷地获取市场信息、保持销售通路以及吸引高级研发及设计人才。

另外,东部沿海地区经济发展也并不平衡。江苏苏北与苏南、广东山区和东西两翼与珠三角城市群都存在着较大的发展差距。从东部沿海省份政府层面来讲,虽然劳动密集型的纺织企业消耗大量资源,但不可否认,这些企业既是政府税收的重要来源,也是当地经济发展的重要力量,为工业服务业的发展提供基础。当地政府希望这些纺织企业在省内实施转移,这样既能给中心城市减压,又能使 GDP 和税收收入仍然留在本省。

正因为如此,尽管企业向中西部地区的梯度迁移正在加速,但省内迁移与短距离跨省迁移仍然是纺织业企业迁移的重要方式。

(三)海外迁移正在成为趋势

我国目前是世界最大的纺织品生产国和出口国,随着本国劳动力成本的上升,我国纺织业企业向海外迁移的步伐正在迈开。近年来,我国纺织企业正在进行一轮新的调整,着力加强对跨国资源的整合利用。

提出"一带一路"倡议以来,东南亚地区成本、政策优势导向明显,成为国内纺织业企业迁移的主要目的地。其中,中低端纺织加工企业向海外迁移的进度尤为明显。

2010—2015 年,我国在东南亚地区投资新建的纺织类企业共计 230 家,并呈现每年递增的趋势,2015 年投资建立的企业数量是 2010 年的 4 倍。

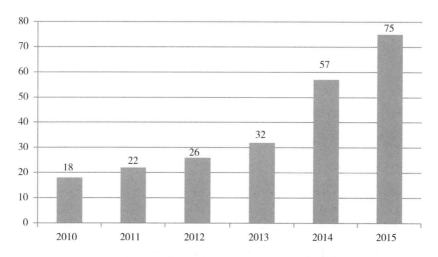

图 2-4 2010—2015 年我国在东南亚投资建立的纺织业企业数量(个)

资料来源:中国纺织工业联合会:《2015 年中国对东盟和南亚产业转移情况》。

　　柬埔寨是我国纺织企业向东南亚迁移的主要地区,占比达到43%,由于柬埔寨服装行业贸易政策上的优惠条件,我国超过50家纺织和轻工企业对该地区进行了投资,柬埔寨西哈努克港经济特区已成为柬埔寨重要的纺织轻工产品出口生产基地。缅甸和越南在我国纺织企业海外投资中占有重要地位,占比分别达到19%和15%。在以上三个国家投资建厂的企业以加工企业为主,涉及服装、家纺、纱线、面料、化纤、印染等多个领域。其他东南亚国家投资的企业以贸易类企业为主。而设计研发类企业,则主要集中在新加坡。

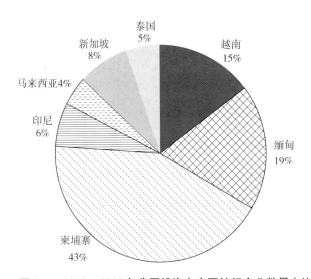

图 2-5　2010—2015 年我国投资东南亚纺织企业数量占比

资料来源:中国纺织工业联合会:《2015 年中国对东盟和南亚产业转移情况》。

　　纺织企业的海外迁移是我国纺织产业发展转型的必然结果,我国纺织工业正处于跨国布局的新阶段,为了建立跨国供应链、保持可持续的竞争优势,我国企业必须制定实施切实有效的海外发展战略;同时,为了提升在全球产业价值链中的地位,企业必须向外延伸品牌、技术、市场等渠道,持续壮大企业规模。

二、金融业企业的迁移特征

(一)北京、上海和深圳是金融企业总部的主要聚集地

北京是我国的政治中心与文化中心。我国宏观经济政策中心的财政部、中国人民银行总行、两大金融监管委员会(银保监会、证监会)以及四大国有银行、4 家全国性商业银行、3 家政策性银行、14 家保险总公司、6 家资产管理公司等 41 家金融企业集团总部全部位于北京。近几年来,金融企业向北京聚集的趋势仍然在加强。2010 年有金融企业 1284 家,到 2016 年,增加到 4936 家,年均增长 25.16%,增长速度在全国处于领先地位。2017 年,金融业占全市经济的比重达到 17%,已成为北京的第一支柱产业。①

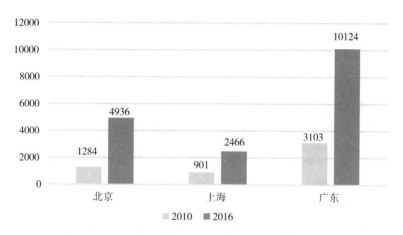

图 2-6 北京、上海与广东金融企业数量变化(2010,2016)(个)

资料来源:《中国基本单位统计年鉴(2011)》《中国基本单位统计年鉴(2017)》。

上海的发展目标定位于打造国际金融中心,2017 年上海金融业增加值达到 4634.5 亿元,居全国首位,占地区 GDP 的比重达到 17.69%,对经济的贡献率达到 45%;深圳作为华南地区的金融中心,2017 年金融业增加值为 3059.98

---

① 数据来源:《北京市 2017 年国民经济和社会发展统计公报》。

亿元,占 GDP 比重为 13.6%,对经济增长的贡献率为 23%。

上海和深圳正逐渐发展成为我国的金融中心,其中上海有两家商业银行总部:交通银行和上海浦发银行;深圳有两家股份制商业银行总部:深圳发展银行和平安银行,美国银行、法国巴黎银行、花旗集团、汇丰银行控股公司等国际著名金融跨国公司在上海建立了地区总部,沃尔玛、塔吉特公司等跨国公司也在深圳具有地区总部。2010 年,上海、广东的金融企业数量分别为 901 家、3103 家,到 2016 年增加到 2466 家、10124 家,年均增速分别达到 18.27%、22.10%,均高于全国 18.26% 的平均水平。金融企业的快速聚集,也带动了上海、深圳金融业的快速发展。2017 年上海金融业实现增加值 4634.5 亿元,居全国首位,占地区 GDP 的比重达到 17.69%,对经济的贡献率达到 45%[1]。2017 年深圳金融增加值为 3059.98 亿元,占 GDP 比重为 13.6%,对经济增长的贡献率为 23%[2]。

我国的两家证券交易所也分别位于上海和深圳,中国金融上市公司有 25 家,其中有 9 家企业总部集中在北京,4 家在上海,3 家在深圳。三座城市金融上市公司比重占到全国的 64%。

2015 年我国证券公司有 90 家,其中 16 家集中于北京,占比约 18%;10 家集中于上海,占比约 11%;14 家集中于深圳,占比约 16%;50 家位于其他城市,占比约 56%,北京、上海和深圳三大城市总计占比接近半数。

(二)发达地区与区域中心城市对金融企业有更强的吸引力

金融产业的发展具有先导性,需要集金融、法律、会计等专业能力的国际化复合人才、大量且流动性强的资金、高层次的信息化水平以及完善的制度政策,而发达地区可以为金融企业发展提供这些必要条件,同时引导金融服务实体经济的发展,提升其能力和水平,在区域经济发展对金融服务的需求不断增

---

① 数据来源:《2017 年上海国民经济和社会发展情况公报》。
② 数据来源:《深圳市 2017 年国民经济和社会发展统计公报》。

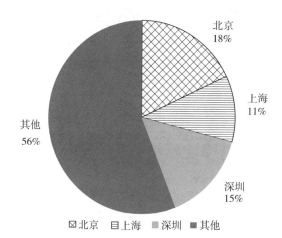

图 2-7 2015 年我国证券公司空间分布图

数据来源:白玫:《中国企业总部迁移理论与政策研究》。

加的同时,自然就会吸引来更多的金融资源。

从银行业金融机构数量看,2016 年,东部地区为 8.8 万个,占全国银行业金融机构总数的 39.7%;从业人数 164.1 万人,占全国从业人数的 43.2%;资产规模 112.4 万亿元,占全国资产总额的 57.4%。分省份看,北京、江苏、上海、浙江、广东五省市银行业资产规模占全国的 40.4%。可以看出,东部地区是我国银行体系的主体,并且越发达的地区,金融企业的聚集程度越高。

表 2-4 2016 年末我国银行业金融机构地区分布 单位:%

地区	营业网点			法人机构个数占比
	机构个数占比	从业人数占比	资产总额占比	
东部	39.7	43.2	57.4	34.5
中部	23.8	21.5	15.9	25.3
西部	27.1	24.5	19.3	31.4
东北	9.4	10.8	7.4	8.8
合计	100	100	100	100

资料来源:中国人民银行上海总部、各分行、营业管理部、省会(首府)城市中心支行。

从我国证券企业的地区分布来看,2016年,东部地区境内外上市公司2472家,其中,国内创业板上市公司366家。当年实现国内股票市场融资1.2万亿元。其中在东部地区设有总部的证券公司、基金公司和期货公司数量在全国公司数量的占比分别为70%、98.2%和74.5%,占据全国证券期货市场的主体地位(表2-5)。分省来看,广东省证券公司数量居全国首位,上海市基金公司和期货公司数量为全国第一。区域性股权市场发展势头强劲,广州股权交易中心注册挂牌企业达2995家,同比增长182%;山东齐鲁股权交易中心新增挂牌企业1200家,企业总数达1811家,县域覆盖率提高到95%。

表2-5 2016年我国证券机构地区分布状况 单位:个、亿元

地区	东部	中部	西部	东北
辖内的证券公司总部数	84	12	18	6
辖内的基金公司总部数	112	0	2	0
总部设在辖内的期货公司数	105	14	15	7
年末境内上市公司数	2041	421	432	152
年末境外上市公司数	431	77	31	30
当年国内股票(A股)筹资额	12116.7	2137.7	2313.0	811.5
国内债券筹资额	28833.0	12929.3	10650.3	1971.3
股票和基金交易额	2308739.9	345706.1	263034.2	143487.7

注:股票筹资额包括A股市场首发和再融资;债券筹资额含短期融资券、中期票据及公司债、企业债等。

资料来源:各省(自治区、直辖市)证监局。

从保险公司总部及分支机构数量来看,2016年,总部设在东部地区的保险公司数有146家,占全国的84.4%;辖内保险公司分支机构769家,占全国

的 42.2%,在全国仍保持绝对优势。

表 2-6　2016 年我国保险业地区分布状况　　　　单位:个、亿元

地区	东部	中部	西部	东北
辖内的保险公司总部数	146	7	12	8
其中:财产险公司数	68	5	10	6
人身险公司数	78	2	2	2
辖内保险公司分支机构	769	359	500	195
其中:财产险公司分支机构	343	163	282	91
人身险公司分支机构	426	196	218	104
保险收入	17041.6	5678.7	5807.6	2358.3
其中:财产险保费收入	4633.8	1579.9	1863.5	576.9
人身险保费收入	12407.9	4098.9	3944.1	1781.4
赔付支出	5679.5	2038.7	2022.0	786.9

资料来源:中国银行保险监督管理委员会网站及各省(自治区、直辖市)银保监局。

　　为了不断推动区域经济转型升级,金融业与实体经济发展需要进行相互渗透和深度融合,并为区域实体经济提供服务。金融业发展水平是查验一个城市能否发挥其区域经济中心职能的重要因素。金融业服务的区域性特征,使得无论是东部还是中西部的金融企业都将区域中心城市作为其迁移聚集的首要选择。

　　(三)欠发达地区对金融企业的集聚效应正在增强

　　在国家西部大开发、东北振兴、中部崛起等一系列战略背景下,大量的高层次人才和资金开始流入欠发达地区,资源的流动也带动了这些地区金融产

业的发展,优惠的国家政策、廉价的土地价格和较好的发展环境也吸引着东部部分金融企业向中西部迁移。张帆(2016)从存贷款余额层面对中、西和东北地区省份进行了比较分析,研究结果显示中、西和东北地区省份 G 指数聚集和加强趋势较为明显,并且中部和西部省份的 H 指数也出现了相同趋势,说明了欠发达地区金融产业集聚效应正在增强。[1]

三、资源型产业的企业迁移特征

(一)资源型企业迁移具有资源禀赋导向性和市场环境导向性

不同于其他产业,资源型产业的发展主要依赖于丰富的自然资源,这是这类企业生存的必要条件,因此在选择迁入地时,是否能提供充足的自然资源就是迁移企业考虑的第一要素,只有解决了资源供给问题,企业才能寻求更好的生产和经营布局,实现企业的进一步发展。

企业面临的市场环境包括交通条件、政府优惠政策等。由于资源型企业一般生产的是体量大且运费高的国防建设和民生所需的原材料,所以这对地区的交通基础设施条件有较高的要求,良好的交通运输不仅可以降低产品的运输成本,同时也能保证产品销售的及时性,避免了存货积压,为企业发展创造了更大的空间。

政府提供的优惠政策也是吸引资源型企业迁入的原因,政策上的优惠能使企业降低运营成本和交易成本,企业能够获得更大的收益。资源型企业的迁移受外部环境与企业自身因素的影响,其中政策因素在资源型企业的迁移决策中具有重要的作用,而在政府出台的各项具体政策中,对企业迁移行为具有显著影响的因素有土地优惠、政府配套设施、环境管制、行政效率和公平竞

---

① 张帆:《中国金融产业集聚效应及其时空演变》,《科研管理》2016 年第 1 期。

争环境。[①]

李存芳等(2010)在分析可耗竭资源型企业的区位选择规律时发现:可耗竭资源型企业在进行区位选择时具有 9 种特征行为,其中"资源运输市场政策导向"发生频次最高,占比达到 46.43%;其次为"资源运输市场政策潜力导向",占比 14.28%。[②]

(二)资源型企业迁移方式主要为整体迁移

由于资源型产业发展主要依赖于自然资源,在整个产业链中,对自然资源的占有量和占有程度的差异决定了资源型企业在整个产业链条中的地位与竞争力强弱。核心企业凭借对自然资源的强支配地位在产业集群中起着决定性作用。处于核心地位的企业外迁会带动整个产业集群的整体外迁,而围绕核心企业存在的中小企业的外迁,对整个产业集群不能形成根本性的影响。在核心企业未选择迁移的情况下,这些中小企业也不会轻易外迁。

李存芳等(2010)的研究结果显示,可耗竭资源型企业转移特征行为有 12 种。其中"独资收购新建"发生频次最高,占比达到 33.03%;其次是占比为 15.18%的"控股收购新建";并列第三的是"控股重组新建"和"独资收购改造",占比均为 11.61%。

(三)资源型企业迁移动因主要为资源枯竭和环境管制

资源型企业的迁移是在产业升级背景下的一种客观现象。资源型企业的迁移受外部环境与企业自身因素的影响,其中区域资源枯竭和环境管制,是资

---

① 李彦军、戴凤燕、李保霞等:《政策因素对资源型企业迁移决策影响的实证研究》,《中国人口·资源与环境》2015 年第 6 期。

② 李存芳、黄智、汤建影:《可耗竭资源型企业转移行为方式与区位选择规律》,《资源科学》2010 年第 9 期。

源型企业选择迁移的最主要原因。近几年来,东部沿海地区生态环境管制越来越严格,有害物质排放标准的提高与排污成本的上升增加了资源型企业的生产成本。环境管制政策的苛刻一方面迫使一些污染严重的资源型企业不得不实施外迁,另一方面也阻止了新企业的迁入。

资源型企业对迁入地的选择,一般是自然资源禀赋优越的区域,或者是环境管制相对宽松的区域,以减少区域资源枯竭和生态环境管制导致的高成本。这些地区对资源型企业降低生产成本有至关重要的作用。

对于经济发达的地区而言,环境治理政策的严格能够推动本区域污染型、资源型企业外迁,从而实现产业的升级换代。但对于经济相对落后的欠发达地区来说,也应该清醒认识到资源型企业的迁移会造成污染的空间转移,欠发达地区应高度重视资源型企业迁移中的环境负外部性,否则,中西部欠发达地区难免会出现沿海一些地区"先污染,后治理"的现象,最终导致严重的环境退化甚至是不可逆转的生态灾难。①

第四节　我国企业迁移与工业重心的转移

工业企业是我国企业迁移的主体。工业企业的迁移在促进了产业转移实现的同时,也带来工业重心的转移。因此,采用重心模型规划出我国工业重心的转移路径,并从移动的方向、距离、速度等方面分析对比,总结我国近些年来工业重心转移特征对理解与把握企业迁移也具有现实意义。通过利用1993—2016 年中国工业增加值数据对工业重心的转移轨迹进行测算,研究发现:(1)工业重心整体向西南方向移动;(2)1993—2003 年工业重心持续南移,南北差距迅速扩大;(3)2003—2012 年工业重心不断西移,南北差距趋缓;(4)2012—2016 年工业重心持续南移且速度较快。

---

① 李彦军、戴凤燕、李保霞等:《政策因素对资源型企业迁移决策影响的实证研究》,《中国人口·资源与环境》2015 年第 6 期。

一、研究方法与数据来源

（一）研究方法

1. 工业重心计算方法

重心一词源于力学,现今运用到经济活动之中指的是在区域空间上存在着某一点,该点前后左右各个方向上的力量对比保持相对均衡。本书参考冯宗宪等(2006)提出的重心模型计算方法[①],重心计算公式如下:

$$X = \frac{\sum_{i=1}^{n} M_i X_i}{\sum_{i=1}^{n} M_i}, Y = \frac{\sum_{i=1}^{n} M_i Y_i}{\sum_{i=1}^{n} M_i} \tag{1}$$

其中,X、Y 分别表示工业重心的经度值、纬度值,代表了工业重心每个年份的具体地理位置;X_i、Y_i 分别为第 i 个次级区域地理位置(本书指第 i 个省级行政单元政府所在地)的经度值、纬度值;M 为第 i 个次级区域某属性的量值(本书指第 i 个省级单位工业增加值)。由式(1)可知,各省级行政单元政府所在地的地理坐标和研究指标的数量值决定了工业重心的数量值,因为研究期间假设各省级行政单元政府所在地的地理坐标不变,所以研究指标的数量值直接决定了重心位置的变化。

2. 移动距离计算方法

通过研究重心的移动距离可得知该属性发展变化的转移路径及空间分布差异性,工业重心移动距离计算公式如下:

$$D = C \times \sqrt{(X_{k+1} - X_k)^2 + (Y_{k+1} - Y_k)^2} \tag{2}$$

其中 D 表示第 $k+1$ 年与第 k 年之间工业重心移动距离(km);C = 111.11km,表示由地球表面坐标单位(度)转化为平面距离(km)的系数。

---

① 冯宗宪、黄建山:《1978—2003 年中国经济重心与产业重心的动态轨迹及其对比研究》,《经济地理》2006 年第 2 期。

$X_{k+1} - X_k$、$Y_{k+1} - Y_k$ 表示工业重心从第 k 年到第 $k+1$ 年地理坐标的变化大小。

3.移动方向计算方法

在研究重心移动的方向时,将 1993 年作为起点,即第 k 年重心坐标为(X_k,Y_k),第 $k+1$ 年重心坐标为(X_{k+1},Y_{k+1}),第 $k+1$ 年重心移动方向为 θ 角度(相对于第 k 年),计算方法如下:

$$\theta_{(k+1)-k} = \text{degrees}\left\{ n\pi/2 + \arctan\left[(Y_{k+1} - Y_k) / (X_{k+1} - X_k) \right] \right\}, n=0,1,2; \quad (3)$$

其中,degrees 表示将弧度转为角度,$\theta_{(k+1)-k}(-180°, 180°)$ 表示从第 k 年至第 $k+1$ 年之间工业重心偏移的角度,具体移动方向如表 2-7 所示。

表 2-7 工业重心移动角度与移动方向对应表

移动角度	$(-90°,0°)$	$0°$	$(0°,90°)$	$90°$	$(90°,180°)$	$\pm180°$	$(-180°,-90°)$	$-90°$
移动方向	东南	正东	东北	正北	西北	正西	西南	正南

(二)数据来源

数据来源于各年份《中国统计年鉴》,时间跨度为 1993—2016 年。在地理坐标上,选取 31 个省级行政单位(不包括港澳台地区)的政府所在地地理位置坐标作为各省份的地理重心,并假设它在研究期间保持不变;在重心指标上,以各省份历年来工业增加值来表示工业重心。

二、研究结果及主要结论

根据式(1),利用 1993—2016 年中国各省份的工业增加值数据,计算中国工业重心各年份的地理坐标,得到如图 2-8 所示的中国工业重心的转移路径:

根据式(2)和式(3),分别计算出 1993—2016 年中国工业重心的移动距

离和移动角度及方向,结果如表2-8所示:

表 2-8　1993—2016 年我国工业重心移动的方向和距离

年份	经度 X(°)	纬度 Y(°)	距离(km)	角度(°)	移动方向
1993	115. 80	33. 23			
1994	115. 78	33. 04	21. 48	−94. 42	西南
1995	115. 73	32. 94	12. 49	−116. 48	西南
1996	115. 72	32. 96	3. 67	121. 34	西北
1997	115. 72	32. 97	0. 36	101. 05	西北
1998	115. 72	32. 88	10. 19	−87. 49	东南
1999	115. 79	32. 88	7. 71	7. 08	东北
2000	115. 83	32. 95	8. 90	61. 13	东北
2001	115. 80	32. 88	8. 43	−112. 31	西南
2002	115. 79	32. 82	7. 59	−93. 72	西南
2003	115. 77	32. 77	6. 06	−113. 34	西南
2004	115. 67	32. 78	11. 11	174. 50	西北
2005	115. 61	32. 85	10. 74	131. 20	西北
2006	115. 49	32. 83	13. 65	−170. 93	西南
2007	115. 41	32. 80	9. 32	−160. 71	西南
2008	115. 30	32. 90	16. 53	136. 88	西北
2009	115. 29	32. 84	7. 05	−96. 47	西南
2010	115. 18	32. 84	12. 66	−180. 20	西南
2011	115. 07	32. 88	12. 75	160. 38	西北
2012	115. 01	32. 87	6. 69	−171. 73	西南
2013	115. 01	32. 83	4. 26	−95. 59	西南
2014	114. 97	32. 70	15. 07	−106. 93	西南
2015	115. 00	32. 48	25. 49	−81. 40	东南
2016	114. 70	32. 01	34. 82	−111. 31	西南

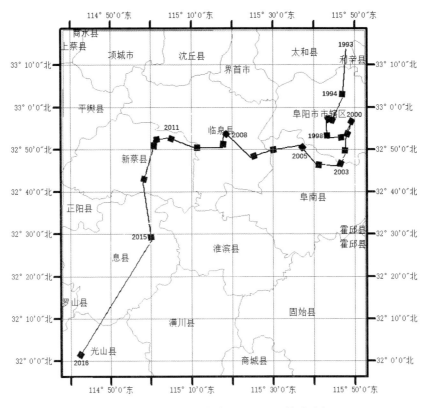

图 2-8　1993—2016 年我国工业重心转移路径

（一）工业重心整体向西南方向移动

根据计算结果,1993 年我国工业重心(北纬 33.23°,东经 115.80°)大概位于安徽省阜阳市太和县三塔镇东方向,2016 年移动到河南省信阳市光山县北向店乡李楼村东方向(北纬 32.01°,东经 114.7°),整体存在向西南方向移动的趋势。

从 1993 年以来,我国工业重心呈现出明显的"第三象限→第一象限→第二象限→第三象限"的移动轨迹。23 年时间跨度中有 13 个年份工业重心是向西南方向移动,占比 56.5%;6 个年份向西北方向移动,占比 26.1%;其他 4

个年份(1998年、1999年、2000年和2015年)中,1998年和2015年向东南移动,1999年和2000年向东北移动,占比17.4%。

从移动距离来看,从1993—2016年,工业重心移动距离达267.01km,平均每年移动11.6km,工业重心移动最大的年份为2016年,向西偏南68.69°方向移动了34.82km,移动最小的年份为1997年,仅向西偏北78.95°方向移动了0.36km。从移动速度来看,1993—1995年,工业重心整体的移动跨度比较大,之后开始减小,2014年又开始变大。

(二)1993—2003年工业重心持续南移,南北差距迅速扩大

在这一阶段,从纬度上看,我国工业重心从1993年北纬33.23°南移到2003年北纬32.77°,而经度变化不大,说明在这一阶段,我国南北地区在工业经济的发展上差距不断拉大,而东西地区差距放缓。

1993—1998年,工业重心一直往南移动,从1993年(北纬33.23°,东经115.80°)移动到1998年(北纬32.88°,东经115.72°),移动距离达到48.19km,占总移动距离的18%,而且移动速度较快。这是由于这一时期是我国东南、华南地区经济快速增长的时期,在珠江三角洲和长江三角洲经济快速发展和带动的作用下,工业经济迅速向南方转移;同时东北地区由于面临资源枯竭、传统工业新旧动力转换受阻、创新创业活力不足等现实困境,经济增速放缓,进一步加快了工业重心南移。

1998—2000年,工业重心有向东北方向移动的趋势,这是因为国家投资政策对东北地区的倾斜导致东北老工业基地的经济出现了短暂的复苏。2000—2003年,工业重心继续南移,同时有向西移动的趋势,说明2000年开始实施的西部大开发战略初显成效。

(三)2003—2012年工业重心不断西移,南北差距趋缓

在这一阶段,从经度上看,我国工业重心从2003年东经115.80°西移到

2012 年东经 115.01°,而纬度变化不大,这一阶段移动距离达到 106.55km,占总移动距离 39.9%,移动速度变化不大,说明我国工业发展东西差异较大,南北差异较小,呈现出稳定西移的趋势。这一阶段工业重心西移的主要原因是西部大开发战略效果开始全面凸显,东部大量制造业企业为了寻求政策优惠、廉价劳动力以及低廉的土地租金等开始往西部地区迁移,同时西部地区受西部大开发政策红利的影响,极大地改善了软硬件投资环境,进一步促进了工业企业向西迁移。

叶明确(2012)的研究也认为 2000—2013 年,经济重心在东西方向上与几何中心的距离比在南北方向上与几何中心的距离更远,表明我国东西方向上经济发展水平不均衡程度要高于南北方向,经济重心总体上由东南向西北方向移动,说明中国西部及北部地区经济发展速度不断增快,且不断增大对全国经济发展的贡献率,而不断缩小东西部地区在经济总量上的差距。①

从纬度上来看,从 2003 年开始,工业重心南移的速度明显放缓,甚至在 2004 年、2008 年和 2011 年出现向北移动的趋势,这主要是因为国家振兴东北老工业基地战略发挥了作用,随着这一战略的推进,东北的经济发展开始有了起色,一定程度上减缓了工业重心南移的脚步,并产生逐渐拉动工业重心向北移动的趋势。

(四)2012—2016 年工业重心持续南移且速度较快

在这一阶段,从纬度上看,我国工业重心从 2012 年北纬 32.87°南移到 2016 年北纬 32.01°,而经度变化不大,这一阶段移动距离达到 86.33km,占总移动距离的 32.3%,移动跨度不断增大,说明从 2012 年开始我国工业重心加快了向南方移动的趋势。这主要是由于从 2011 年开始东北三省经济再次出现了下滑,而南方地区省份(例如广东、浙江等)经济的发展继续提速,拉大了

---

① 叶明确:《1978—2008 年中国经济重心迁移的特征与影响因素》,《经济地理》2012 年第 4 期。

南北地区经济的差距。

三、工业重心移动的原因分析

（一）20世纪90年代以来东北经济发展迟缓，中部、南部地区经济持续快速增长

20世纪30年代，东北地区就拥有了较为完备的工业体系和强大的生产能力。新中国成立后，凭借自身良好的工业基础和苏联方面的支持，东北地区自然成为我国重要工业建设项目的主要落户地，甚至一度成为占有我国90%重工业生产比重的工业基地。但是从20世纪90年代开始，以辽宁为代表的东北地区由于结构性与体制性矛盾的凸显，工业生产发展缓慢，1990年工业总产值增速仅为0.6%，远远低于全国的平均增长水平，产业发展陷入前所未有的困境，大批国有企业普遍出现亏损、停产、半停产现象，大量职工下岗失业，出现了老工业基地工业增长严重衰退的现象。

从GDP增速来看，1993—2003年东北地区GDP总额增长缓慢，其中1993—1999年GDP总额增速持续下降，从10.07%下降到7.99%，之后GDP增速开始上升，但幅度不大；从GDP总量占全国比重来看，1993—2003年东北地区GDP总额占全国比重在持续下降，从1993年的11.46%下降到2003年的9.12%，说明东北三省对全国经济的贡献率在逐年下降（图2-9、图2-10）。

从工业增加值来看，1993—2003年东北工业增加值增长缓慢，从1993年的1809.05亿元增长到2003年的5362.36亿元，仅翻了大约3倍；从增速来看，1993—2003年东北工业增加值增速呈现"先下降、后上升"的趋势，1998年下降到最低点8.39%，之后开始逐渐上升，2003达到峰值12.49%；从工业增加值总量占全国比重来看，1993—2003年东北地区工业增加值总量占全国比重在持续下降，从1993年的12.88%下降到2003年的

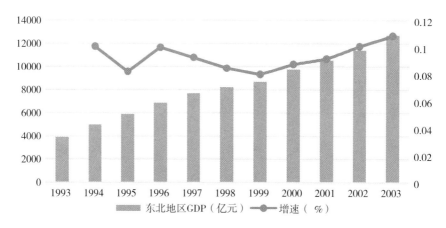

图 2-9 1993—2003 年东北地区 GDP 总额及增速

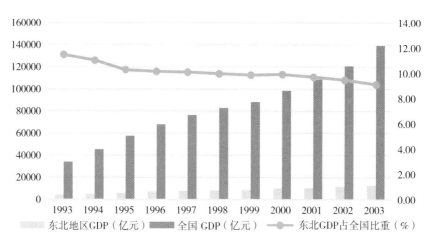

图 2-10 1993—2003 年东北地区 GDP 占全国比重

9.53%,说明东北地区对全国工业经济的贡献率在逐年降低(图 2-11、图 2-12)。

与此同时,广东、浙江、山东、河北、河南、湖北、湖南等省份 20 世纪 90 年代以来经济的发展日益加速。从 GDP 总量来看,广东省地区 GDP 总量从 1993 年 3469.28 亿元增长到 2003 年 15844.64 亿元,翻了 4.58 倍;从 GDP 总量占全国比重来看,1993—2003 年广东省地区 GDP 总量占全国比重在持续

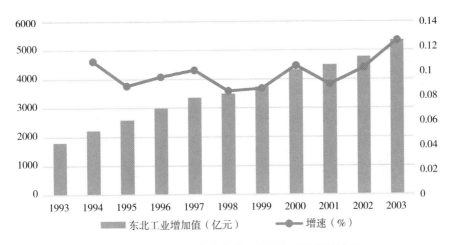

图 2-11　1993—2003 年东北工业增加值及增速水平

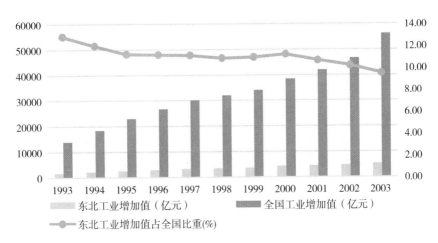

图 2-12　1993—2003 年东北工业增加值占全国比重

上升,1993—1995 年增长缓慢,1996 年开始迅速增长,从 1996 年的 10.07% 增长到 2003 年的 11.36%,上升了 1.29 个百分点;从工业增加值总量来看,广东省工业增加值总量从 1993 年的 1386.83 亿元增长到 2003 年的 6886.97 亿元,翻了 4.97 倍;从工业增加值总量占全国比重来看,1993—2003 年广东省工业增加值总量占全国比重在持续上升,从 1993 年 9.87% 增长到 2003 年 12.24%,上升了 2.37 个百分点(图 2-13、图 2-14)。

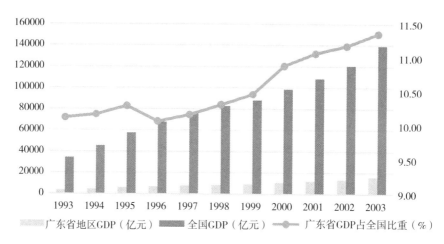

图 2-13　1993—2003 年广东省地区 GDP 占全国比重

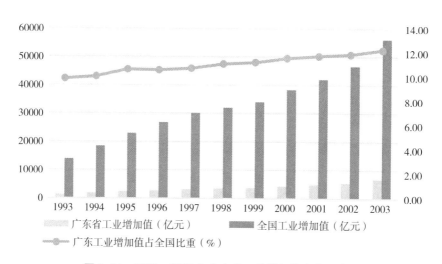

图 2-14　1993—2003 年广东省工业增加值占全国比重

从浙江省 20 世纪 90 年代经济发展来看,浙江省的 GDP 总量从 1993 年 1925.91 亿元上升到 2003 年 9705.02 亿元,翻了 5.04 倍;从 GDP 总量占全国比重来看,1993—2003 年浙江省地区 GDP 总量占全国比重在持续上升,从 1993 年的 5.62%增长到 2003 年的 6.96%,上升了 1.34 个百分点;从工业增加值总量来看,浙江省工业增加值总量从 1993 年 876.26 亿元增长到 2003 年 4462.97 亿元,翻了 5.09 倍;从工业增加值总量占全国比重来看,1993—2003

年浙江省工业增加值总量占全国比重在持续上升,从1993年的6.24%增长到
2003年的7.93%,上升了1.69个百分点(图2-15、图2-16)。

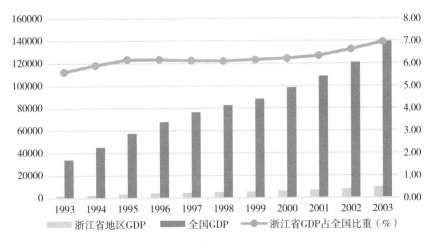

图2-15　1993—2003年浙江省地区GDP占全国比重

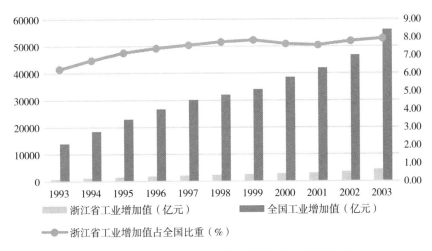

图2-16　1993—2003浙江省工业增加值占全国比重

　　山东省经济发展,从GDP总量来看,山东省地区GDP总量从1993年
2770.37亿元上升到2003年12078.15亿元,翻了4.36倍;从GDP总量占全
国比重来看,1993—2003年山东省GDP总量占全国比重呈现出"先上升、再
下降、后上升"的"倒U型"曲线特征,1993—1996年上升较快,从8.08%增长

到 8.67%,之后开始逐渐下降,2000 年降到最低点 8.45%,2001 年反弹回升,2003 年比重达到 8.66%;从工业增加值总量来看,山东省工业增加值总量从 1993 年 1201.67 亿元增长到 2003 年 5706.71 亿元,翻了 4.75 倍;从工业增加值总量占全国比重来看,1993—2003 年山东省工业增加值总量占全国比重在持续上升,从 1993 年的 8.55% 增长到 2003 年的 10.15%,上升了 1.6 个百分点(图 2-17、图 2-18)。

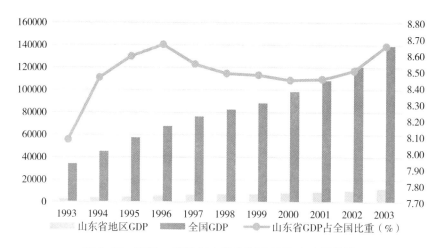

图 2-17　1993—2003 年山东省地区 GDP 占全国比重

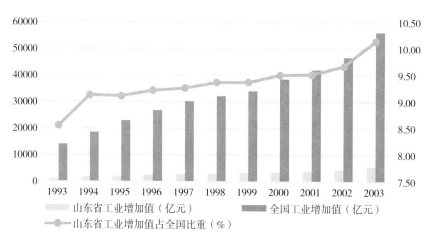

图 2-18　1993—2003 年山东省工业增加值占全国比重

其他中部、南部省份工业经济的发展也促进了工业重心的南移,例如1993—2003 年河北省工业增加值增长了 3.97 倍,河南省增长了 4.24 倍,湖北省增长了 3.54 倍,湖南省增长了 3.72 倍等。

从以上分析来看,从 20 世纪 90 年代开始,东北经济的发展逐渐放慢,东北三省 GDP 总量和工业总量占全国比重一直在下降,而与此同时,中部地区(河南、湖北、湖南等省份),南方地区(广东、浙江等省份)发展迅速,使得我国经济重心和工业重心逐渐往南方移动。

(二)东北老工业基地振兴战略放缓了工业重心南移的趋势,但2011 年后东北经济再次下滑,工业重心继续南移

2003 年 10 月,中共中央、国务院发布的《关于实施东北地区等老工业基地振兴战略的若干意见》标志着东北振兴战略正式实施,战略实施以来,东北地区经济出现了一定程度的复苏,整体经济发展态势良好,但 2016 年开始出现下滑。从 GDP 总量来看,2004—2015 年东北地区 GDP 总量逐渐上升,从2004 年 14544.61 亿元增长到 2015 年 57815.82 亿元,翻了 3.98 倍,2016 年出现下滑,减少到 52409.79 亿元;从增速来看,2004—2010 年一直维持在 12%以上,之后开始迅速降低,2016 年降到最低点 1.9%(图 2-19)。从东北地区GDP 总量占全国比重来看,2004—2012 年一直维持在 8.7%以上,之后开始迅速下降,2016 年降低到 7.05%(图 2-20)。

从工业增加值来看,2004—2014 年东北地区工业增加值在逐渐上升,从2004 年的 6066.68 亿元增长到 2014 年的 23865.59 亿元,翻了 3.93 倍,之后开始出现下滑,2016 年降低到 16535.53 亿元;从增速来看,2004—2010 年,增速先下降后上升,但变化幅度不大,保持在 15%左右波动,之后开始迅速下降,从 2010年的 16.54%降低到 2015 年的 1.33%,2016 年继续下降,增速下降为-1.88%(图2-21)。从工业增加值占全国比重来看,2004—2012 年一直保持在 8.4%以上,之后开始出现下滑,2016 年降低到 5.8%(图 2-22)。

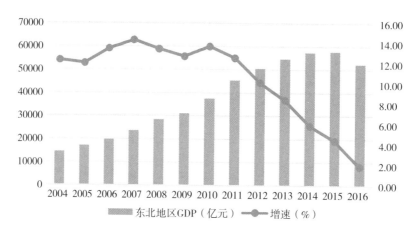

图 2-19　2004—2016 年东北地区 GDP 总量及增速

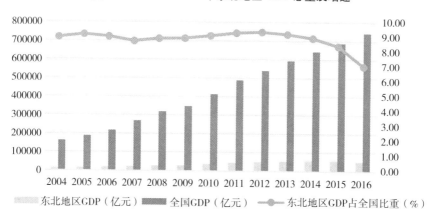

图 2-20　2004—2016 年东北地区 GDP 占全国比重

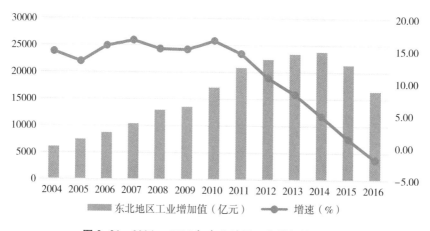

图 2-21　2004—2016 年东北地区工业增加值及增速

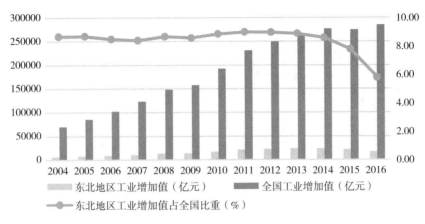

图2-22　2004—2016年东北地区工业增加值占全国比重

可以看出,2003年以来东北老工业基地振兴战略的实施促进了东北经济的发展,对放缓工业重心南移起到了一定作用,但振兴战略推动的东北经济复苏并没有彻底扭转东北衰退的困局,2011年东北地区经济再次出现下滑,而中南部省份经济的发展继续提速,促使工业重心加快了南移的速度,2013年后工业重心南移的步伐明显加快。

从近三年我国经济形势来看,除东部沿海省份外,中部的湖北、湖南,西部的四川、重庆、贵州等省份的经济增长也相当抢眼。而东北三省经济增长却在不断下滑,黑龙江、吉林和辽宁三省的实际GDP增长近乎停滞,甚至出现负增长,增速排名全国倒数,近乎"硬着陆",与东北情况相似的还有山西、新疆、甘肃。东北、西北不少省份经济增长放慢,与经济大省拉开了距离。

(三)西部大开发、中部崛起等战略促进了中西部经济发展,使工业重心西移

西部大开发和中部崛起战略的实施,使我国区域经济格局发生了积极的重大调整。在国家战略的引导下,中西部承接东部地区产业转移的步伐在稳

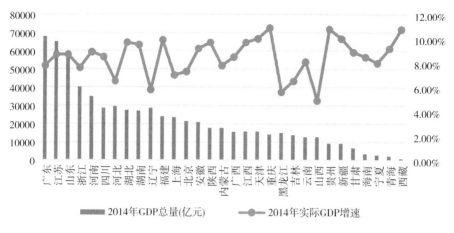

图 2-23　2014 年各省区市 GDP 总量及增速

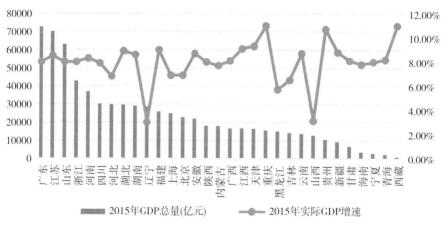

图 2-24　2015 年各省区市 GDP 总量及增速

步推进,同时发挥其自然资源丰富、土地成本低廉等优势推动中西部经济的快速发展,不断缩小与东部地区的差距。经过西部大开发 10 多年的建设发展,西部主要省份(如四川、重庆、贵州等)经济社会快速发展,经济总量不断扩大,经济效益不断提高,经济结构不断优化,经济增长速度保持平稳,同时工业的发展也取得巨大的成就,10 多年来,西部主要省份工业经济已经连续取得了两位数增长,并持续高于全国平均水平,工业利润也在不断增长,西部工业

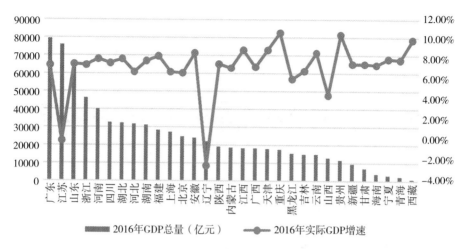

图 2-25　2016 年各省区市 GDP 总量及增速

对全国经济的贡献率也在不断提升,拉动了我国工业重心不断西移。

第三章　企业迁移意愿及其形成逻辑

意愿与行为有较强的相关性。意愿对行为具有导向性,意愿指引行为的实际发生。一般而言,企业迁移意愿越强烈,迁移行为越容易发生。当然,仅有迁移意愿,并不必然导致迁移行为的实现,企业迁移行为是企业迁移意愿、社会环境、政策制度等外部因素共同作用的结果。本章着重分析企业迁移意愿的影响因素及其形成逻辑。

第一节　企业迁移意愿

从行为学的角度来看,人类的行为来源于其本身的意愿。对于企业来说道,是否迁移、何时迁移以及迁往何地同样首先需要迁移意愿的产生。

意愿是一个人内心的活动,它表现为当个体遇到某事物时所产生的观点和看法,从心理学的角度来认识意愿,可以帮助我们更好地理解它。在认知心理学中,学者们认为意愿将个体信念和后续可能发生的行为联系在一起,起到了一个中间桥梁性的作用。意愿和实际行为表现之间存在着十分紧密的关系,学者们将这种关系解释为:"信念—态度—意向—行为"[1]。

---

[1]　Boyd N G, Vozikis G S, "The Influence of Self-Efficacy on the Development of Entrepreneurial Intentions and Actions", *Entrepreneurship Theory and Practice*, Vol. 18(1), 1994, pp. 63–77.

除此之外,Driver 等(1991)认为意愿是行为发生的必需过程,是行为显现前的决定[1];Fishbein 和 Ajzen(1975)则指出意愿指个人从事特定行为的主观概率[2]。Krueger(1993)将意愿看成是计划行为的最佳指标之一。如果没有意愿,则无法产生行为,而行为的产生则必然需要意愿的支撑。由于意愿只是一种主观概率,所以即使有了意愿也不一定会百分百产生行为,因为个体会在意愿的基础上进行思考、分析优劣,如果优大于劣,则行为产生,反之则不会发生行为[3]。

自 21 世纪初以来,由于转型升级的巨大压力,我国大量企业已经开始意识到现有区位的问题在于如何高效驱动自身增长,将迁入地的地理优势进行充分的考量并加以利用,这已成为企业成长的重要战略。企业的迁移意愿在极大程度上影响着企业迁移行为,因此在研究企业迁移行为时应当首要考虑迁移意愿,再充分权衡其他影响企业迁移意愿的因素。结合意愿与行为的逻辑关系以及企业迁移本身的特性,本书认为企业的迁移意愿是企业对实施迁移行为的主观态度,其概率高低及可能性取决于企业的优化区位调整决策,再据此实施企业迁移行为。

第二节　企业迁移意愿的影响因素

获取更多的利润是企业迁移的目标,如果在现有区位企业赢利能力下降,而其他一个或几个区位能使企业获得更高的利润,那么企业家便会产生迁移意愿。此外,外部环境与企业内部因素都会影响企业家的迁移意愿与决策。

① Ajzen I,Driver B L,"Prediction of Participation from Behavior,Normativeand Control Beliefs: An Application of the Theory of Planned Behavior",*Leisure Science*,Vol. 13,1991,pp. 185-200.

② Fishbein,Ajzen I,*Taking and Information Handling in Consumer Behavior*,Boston:Graduate School of Business Administration,Harvard University,1975,pp. 176-210.

③ Krueger N F,"The Impact of Prior Entrepreneurial Exposure on Perceptions of New Venture Feasibility and Desirability",*Entrepreneurship Theory and Practice*,Vol. 18(1),1993,pp. 1042-2587.

本节分从区位、企业、嵌入三个层面对企业迁移意愿的产生进行分析。

一、区位层面：企业迁移意愿产生的外生动力

区位层面影响企业迁移意愿产生的因素主要有区域政策、区域经济、区域文化环境等，这些因素影响企业的预期收益与成本。

（一）政策因素

政策环境对于企业选择迁移区位有十分重要的作用，企业更倾向于迁往政策环境稳定的区位，政治稳定是经济发展的前提条件。政府营造一个公平的竞争环境、消除地方保护主义，并且制定标准使企业的产品更容易获得认证，竞争力更强，销售业绩更好，从而使得企业能够分享技术创新和技术进步并在当地稳定发展，本地企业外迁倾向便会变小，外地企业迁入倾向就会增大。

具体而言，政策方面影响企业迁移意愿的主要因素包括环境管理、政府行政效率、配套设施、公平竞争环境、土地优惠、税收优惠及信贷支持等因素。

1. 环境管制

环境是一种特殊的公共产品。为解决环境污染与生态破坏问题，保护良好的生态环境，实现经济社会的可持续发展，政府通过法律、行政、经济等一系列政策措施，对经济活动进行调整。环境管理在推动环境质量改善的同时，也会改变企业的生产成本与运行成本，进而导致企业产生迁移意愿并实施迁移行为，对经济局面产生影响。

2. 政府行政效率

政府的行政效率也是企业关注的重要指标。它指的是公共组织和行政人员在公共行政部门投入的资源与所取得的成果和效益之间的比例关系。即迁出地提高政府行政效率，可以降低企业交易成本，从而一定程度上减少企业迁出意愿；迁入地提高政府行政效率，则可以增加对迁移企业的吸引力。

3. 配套设施

市政公用工程设施和公共生活服务设施对企业在区位中获取长远发展是必不可少的。政府在配套设施方面加大投入,一批相关或配套企业随之迁入,便更容易形成产业集聚。

4. 公平竞争环境

政策环境对于企业选择迁移区位有十分重要的作用。企业家更倾向于迁往政治环境稳定的区位,政策稳定是经济发展的前提条件。政府营造一个公平的竞争环境、消除地方保护主义,企业就能更投入地从事产品的生产与销售,专注开拓市场与研发产品,最终提高企业的竞争力。公平竞争环境能使本地企业外迁倾向变小,外地企业迁入倾向就会增大。

5. 优惠政策

企业的迁移意愿在很大程度上受迁入地政府制定的优惠政策影响。政府制定的优惠政策越多,吸引企业迁入的可能性越大。

(1)土地优惠:为了鼓励按照国家产业发展方向推进优势产业,政府允纳迁入企业分段支付土地使用费,同时还给予一定程度减征优惠,鼓励和引导商户以租赁的形式使用闲置的厂房和工厂以降低企业成本。土地优惠政策越多,对外迁企业就越有吸引力。

(2)税收优惠:免征或减免企业所得税,同时给企业的技术和研发活动予以资金上的支持,可以给企业带来成本节约与效益提升。税收优惠的政策越多,对外迁企业就越有吸引力。

(3)信贷支持:企业迁移会产生大量成本,一是原区位厂房废弃的沉没成本,二是新区位厂房的建设成本,三是工厂迁移期间暂停生产的损失。另外,在迁移期间暂停销售,并伴随着大量不愿意随之迁移的员工离职等给企业资金和人力方面都带来了一定程度的损失。政府为搬迁企业提供一定的信贷支持,增强对企业搬迁的弥补,在保证信贷安全的情况下,适当放宽信贷条件,就可以为企业迁移解决资金衔接的困难,增加企业迁移的意愿。

近二十年以来,我国政府为了促进区域协调发展,积极引导产业转移,优化产业结构布局,制定并实施了一系列的优待政策。比如西部大开发战略、中部崛起战略、"万商西进"工程等,目的就是吸引企业迁往目标区位,从而实现产业的转移。在这些优惠政策中,地方政府往往会在税收和财政上给予企业一些优惠,比如在一定时期降低税收甚至免收部分税款。地方政府还会降低企业迁入的门槛,那些被原区位政策限制的企业便会倾向于迁入这些地区。

当然,政府政策并不全是强制性的,更多时候是一种柔性政策,柔性政策同样会引起企业的迁移。比如政府为了改善环境质量或是为了实现当地产业结构转型升级,并不会下达强制性命令让企业限期搬离,而是采用提高排污标准的办法,同样会使部分高污染的企业因排污成本的提高而迁出原区位。

从政策目的来看,政府政策具有三重性,部分政策通过给企业提供优惠从而吸引企业迁入,部分政策通过增加企业成本从而使企业迁出,还有部分政策则是通过各种方式,防止和减少企业迁离原区位。

政策的实质是阶级利益的观念化、主体化、实践化反映。企业迁移的政策动因包含两个方面的内容:一是迁出地政府出台的政策措施抑制了企业的未来发展,使得该地区原本具备的区位价值被削弱,原有的一些硬件优势(如资本优势、资源优势等)、软件优势(劳动力优势、技术优势等)体现不出该地区的区位价值。如当地政府进行产业结构调整时,会充分利用各种要素禀赋,大力发展主导产业或是具有竞争力的产业,若此时企业定位不符合当地发展规划,很有可能主动甚至是被动迁移出原区位。二是迁入地政府为了鼓励企业迁入所出台的一些税收减免、技术开发鼓励政策等,促使大量企业迁入,从而将原先的一些劣势条件演变为优势所在,从而从很大程度上提高了该地区的区位价值。区位价值的提高反过来提升了企业的品牌形象,该过程不断循环,就能够促使该地区的区域经济得到长远、高效与健康的发展。

（二）经济环境

企业迁移的根本目标是为了获取最大化的利润，一个区位的经济发展水平越高，区位中的投资环境便越好，相应的基础设施越完善、社会服务体系越健全，企业便越倾向于迁往这种区位。经济环境越好的区位，市场容量一般越大，居民对商品的购买能力越强、购买欲也越旺盛。如果企业能在这种区位扎根下来，对于自己市场的扩大、业务的拓展都有较大的好处，有利于企业顺利开展业务和制定长远的投资规划。

企业为了获取竞争优势所需要考虑的经济优势可以称为区位经济价值，它指的是某一个区域所拥有的能促进该区域经济发展且相对其他地区来说具有比较优势的因素，它的组成既包括了传统意义上的硬件优势，如资源优势、交通区位优势、资本优势等，也包括了各种软件优势，如劳动力优势、技术优势、信息通信优势等。

1. 资源优势

任何经济活动都需要有自然资源的存在，区域经济的发展更是离不开自然资源。与企业迁移有关的自然资源一般指的是原材料、土地及能源等。自然资源是企业生产经营的基本要素，在数量充足、价格合理的基础上可以使企业获得自然资源的竞争优势。由于自然资源不可流动的固有属性，一些企业在完成资本原始积累，自身也发展壮大之后，势必会考虑当地的生产要素制约的限制，并综合考虑这些因素的利弊，进而选择生产要素的优化组合而实现跨区域最优方案。

2. 交通区位优势

良好的区位、完善的基础设施以及发达的运输网络，能在很大程度上降低企业的运输成本。如果交通不便利从而延误企业产品交货，不仅会有损企业的信誉，也会给企业带来利润上的损失，所以企业更青睐于选择交通较发达的区域。

3. 资本优势

随着经济的高速发展,社会各阶层的收入增加,一般表现为工资的上升,在产业发展中则表现为生产要素的累积使得生产要素的使用成本和边际收益发生变化,资本逐渐替代了劳动的过程。当区域经济发展到某一阶段时,因为平均成本上涨、利润下降等原因,劳动密集型产业会逐渐衰退,资本密集型产业就会快速发展壮大起来。

随着东部沿海地区劳动力成本不断上升,劳动密集型产业的比较优势不断下降,会促使这些行业的企业向中西部地区迁移。中西部地区通过劳动力和土地成本价格低的优势吸引企业的迁入,不断推进资本这一生产要素的相对劣势向比较优势转化。

通常一个地区经济发展水平的高低决定了该地区资本流动性的强弱,经济发展水平越高,该地区资本流动性越强,反之,经济发展水平越低,该地区资本流动性越弱。相对于欠发达地区,发达地区通常更能吸引资本的流入,资本在区域经济运行过程中逐渐扮演起中心的角色,它对整个区域经济运行的态势以及方向有着直接的影响。

欠发达地区由于不具备资本的比较优势,要发展资本密集型产业,只有对产业发展的环境进行不断的优化,提高资本回报率,促使资本流动的优势成为企业迁移的动力。如此,资本的投资回报率就将成为决定企业迁移的重要因素。

4. 劳动力优势

劳动力供给对区域经济发展具有重要作用。近几十年来,虽然我国人口流动与劳动力迁移的速度在加快,但各地劳动力资源并不平衡的状况仍然存在。区域劳动力数量与质量上的差异,对企业的区位选择有重要的影响。区域劳动力优势主要体现在劳动力成本优势与人力资源优势上。对劳动力密集型产业来说,劳动力成本优势至关重要,而对资本与技术密集型产业来说,区域劳动力优势更多体现在人才的集聚程度上。一些企业迁移会选择人力资本富集地区作为迁入地,通过当地丰富的人力资源,快速捕获市场信息,改善生产流程,提高企业效益。北京和长三角地区是全国的人才技术高密度集聚地,这些地区高校和科研院所众多,和全国其他地区相比具有明显的人力资本优势。因此这些地区也是企业核心部门特别是研发部门选择迁移的重点地区。

5.技术优势

技术优势是企业区位再选择的一个重要因素。科学技术的创新推动着社会工业结构的变革。从宏观角度看,科技革命促进了旧产业的成熟以及新产业的出现,产业结构也不断向技术密集型和知识密集型的结构深化,产业转移的过程也由此加快。从微观角度来看,科技创新促进了企业迁移。

6.信息通信优势

随着经济全球化程度越来越高,企业面临的市场也从国内市场逐渐转变为全球市场,信息的获取在全球市场竞争中扮演了一个重要的角色,信息掌握越丰富、越及时,企业在市场竞争中也往往能抢占先机。在东部沿海地区,外资企业相对于中西部而言数量较多,信息较为丰富且与国外市场联系较多,对那些有意拓展国外市场的企业来说,将企业总部迁移到沿海地区能够更方便的获取信息,更快地掌握国外市场动态。

(三)区域文化环境

区域文化是一个社会经过多年发展所形成的风土人情和价值观,受区域中所有人认同,主要包括宗教、风俗习惯和社会价值观。

区域文化具有多样性,这种多样性源自于生活实践的本土性。无论是行为方式、风俗习惯、宗教信仰还是社会价值观,不同区域有不同的文化风格。全球化与经济交流的频繁,促进了各地文化的交流与沟通,但是并不能完全消除各地文化生产与消费的本土性。

区域文化的差异为企业发展提供了不同的文化环境。文化多样性也为企业迁移提供了不同选择。相对于文化较单一的封闭区域,人口与文化多样化的区域更有利于信息交换与知识溢出,也更有利于创新的实现。同时,文化多样性也为企业产品生产带来不同品味、习惯与消费模式的消费者。对企业而言,选择一个开放、包容、多样性文化环境的区域,有利于企业的成长与发展,也更容易产生迁移意愿。

二、企业层面:企业迁移意愿产生的内生动力

企业层面影响迁移意愿的因素主要有企业发展战略、企业家个人情感以及企业属性。

(一)企业发展战略

企业发展战略是企业对自身发展方向、发展重点、发展速度、发展能力以及空间布局的重大选择、规划及策略。企业的稳步长远发展受企业战略的指引,企业战略同时也是企业迁移意愿产生的内在动力之一。随着企业的逐步发展,原区位的市场将无法满足企业拓展以及其长期战略的需要,其内部的组织结构与业务调整也推动企业做出企业迁移行为。陈伟鸿(2008)认为企业迁移是一种动态的战略决策,其企业家精神与企业自身的生态跃迁等企业内部因素是企业迁移行为的动因之一。① Dijk 和 Pellenbarg(2000)在对荷兰企业迁移现象的研究中发现:企业迁移决策受企业的生命周期、先前的迁移行为与企业规模等企业层面的战略因素的重要影响。②

而具有行为学派传统的企业成长理论也很好地解释了战略因素对企业迁移的作用机制。它的理论核心是资源基础理论,其认为企业所具有的稀缺、价值高且难以模仿的资源是企业持续获得竞争优势的源泉,这些资源主要体现

---

① 陈伟鸿:《浙江民营企业跨区域迁移的"根植性"策略》,《商业经济与管理》2008 年第8 期。

② Dijk J V,Pellenbarg P H,"Firm Relocation Decisions in The Netherlands:An Ordered Logit Approach",*Regional Science*,Vol. 79(2),2000,pp. 191–219.

为各种要素资源、能力与知识,而企业成长的过程与其开发并利用这些资源的过程齐头并进。这种理论的特点是将区位资源化,企业为了获得成长必须寻求符合其战略定位的特殊性资源,从而实现企业与区位基于资源维度的动态契合的战略手段。

企业发展战略层面对企业迁移的影响主要源自于企业家精神、扩张企业空间的动力、提升企业知名度的动机、业务调整的需求、提高企业运营能力的动机、变更企业组织结构的动机、避免企业过度竞争的动机、对迁出地消极的预期等方面。

企业家精神是不断追求企业发展和创新的一种意识,由于不满足于现状,企业旨在采取各种方式去发展壮大其规模;企业空间扩张指的是企业发展扩大其规模或者开拓新的市场,例如在其他地区开展新的生产基地或者在现有的场地开拓新的市场已经无法满足企业的发展,需要迁移到其他地区来扩大规模;提升企业知名度是指企业通过从经济相对落后或封闭的地区迁移到经济相对先进或开放的地区,能够有机会同更多的客户及同行企业进行商业合作或交流,提升大众对企业运营及企业文化的认知;业务调整主要指企业的生产布局、主要业务目标、技术设备以及自身生产线发生变化;企业运营能力指的是包括资金是否可用以及成本能否转移等在内的企业的经营状况,成长型企业的扩张需求较大,衰退型企业的运营能力较差;组织结构变更指的是通过搬迁的方式来实现企业的重组、兼并以及收购等过程;避免恶性竞争指的是企业通过迁移的方式来避免同行业企业间的不公平竞争,严格遵守市场秩序,使企业之间通过公平竞争来分配市场资源;对迁出地的消极预期指的是企业决策者对迁出地的产业竞争格局或市场前景持有消极预判。

随着企业的逐渐发展,当地市场已经无法满足企业的需求,此时它们往往会将目光放在外地甚至是外国,通过抢占新的市场来壮大自身实力。他们通过在目标区位建立工厂或者是研发部门,扩大企业知名度,提高产品的竞争力和市场占有率。这种行为能够有效构建和优化企业的销售网络,使企业从本地企业逐步发展成全国性企业乃至是跨国企业。

(二)情感因素

情感因素作为一种非理性因素,同样也对企业迁移起到一定促进作用。当企业的决策者具有冒险精神时,其忧患意识相对比较薄弱,因此往往表现出低估风险的特征。另一方面,冒险精神更强的决策者往往有更淡薄的乡土意识,因此容易突破人情的束缚和区域的限制,倾向于在新的环境之中实现更大的发展。另外,文化融入问题也会影响企业迁移,特别当企业进行跨度较大的区位迁移时,当地风俗文化可能会对新进入企业管理带来诸多影响,企业内部老员工与当地新雇用员工之间也可能会产生文化冲突,这些都会对企业产生影响。从企业家的角度看,如果不能达到心理预期,就会感到不安,此时企业迁移到中小城市是一种理性的选择。

情感因素具体包括企业决策者的乡土情结、对特殊区位的偏好程度、对特定区位的文化偏好程度、对风险的偏好程度、追求实现个人成就的目的动机以及企业员工与企业同进退的忠诚程度。

其中,乡土情结指的是企业家的家乡情结和乡土意识,乡土情绪深厚的企业家,从家乡迁出的意愿小,从外地迁入家乡的意愿大;文化偏好指企业家偏好某区位文化习俗与风土人情,对当地文化环境认同度高,即使迁移去另一个区域的获利程度大于该区域,企业家也仍希望迁移至文化环境认同度高的区域;特殊区位偏好指的是企业家对主城区和中小城市或存在学缘、地缘、血缘关系的区位特别向往;风险偏好与冒险精神指的是企业家突破区域的限制,具备较强的创新精神且敢于直面挑战,谋求企业未来更大的发展空间,风险偏好与企业家的风险感知有一定的联系;而冒险精神与自我效能感有关联,如果企业家的自我效能感较强,那么他一般较为自信,勇于冒险;个人成就感指的是企业家在拥有充足的资金支持以及崇高的社会地位时,表现出积极的心理状态,即自我价值得以实现;员工追随企业迁移可能性指的是企业随同企业外迁其他地区的可能性大小,如果员工特别是中高层管理人员与技术人员更倾向于扎根于熟悉的环境而放弃与企业一起向外迁移发展,会增加企业迁移的阻力。许多企业的员工一辈子都住在原区位中,如果企业进行迁移,那么他们就必须离开他们的家庭、父母和家乡,许多员工因此对企业迁移产生抵触情绪,老员工的抵触以及对这些员工的补贴安抚成本,也会在一定程度上影响企业迁移意愿。

（三）企业属性

企业自身属性也会影响企业迁移意愿,如企业类型、企业规模、企业年龄等都会在不同程度对企业迁移意愿产生影响。

1. 企业类型

不同行业的企业由于自身的类型不同,对于不同资源禀赋的需求程度不一致,因此企业的类型会影响它们的迁移意愿的形成。从我国目前企业迁移的现状来看,高污染、高能耗型企业与劳动密集型企业仍然是我国企业迁移的主体,具有高附加值高技术含量的企业迁移还比较分散,并没有形成大规模的迁移浪潮。

（1）高污染、高能耗型企业

随着环境污染问题的日益严重,各地政府相继出台环境治理的法律法规,协调高污染、高能耗企业的发展。环保标准的提升也使得这些企业的排污成本逐渐提高。企业为了发展不得不迁移至其他区域。这种迁移,一方面表现为向中西部欠发达地区的迁移,另一方面也表现为由中心城区向郊区迁移或是向园区的集中迁移。基于税收、就业等因素的综合考量,各地政府对高污染、高能耗企业更多采用"退城进园"的规划模式,将各企业集中于园区内,实现排污节能的统一管理。

（2）劳动密集型企业

劳动密集型企业由于自身需要大量的劳动力资源,随着工资成本的提高,来自于成本的压力促使他们向劳动力丰富、资源丰富的区域进行迁移。劳动密集型企业迁移已显现出梯度转移的趋势。这种类型企业迁移多为跨区域迁移，且迁入地大部分为中西部地区。部分企业将总部保留在原所在地，将生产部门迁出。对于原所在地来说产业结构得到升级，对于迁入地来说劳动力就业问题可以在一定程度上得到解决。

（3）服务业企业

由于服务业企业一般土地占用面积不大，劳动力需求程度不高，所以它们并不是成本驱动型迁移。第三产业如保险、基金、证券等金融行业企业以及计算机、软件、信息服务行业企业迁移绝大多数是为了寻找更具有人才、信息、金融、技术优势的地区。

2.企业年龄、规模

企业迁移的意愿与企业年龄和企业规模有关。二者对企业迁移意愿的影响为：

（1）企业成立时间短，规模大

这种企业由于在短短的时间就能够拥有较大的规模，发展态势迅猛，那么这种企业的产业链必定比较完善，并且在原区位能构建比较完备的关系网络，所以基本不会因为成本或市场的压力而被动整体迁移。但是由于这类企业在前期发展迅猛，拓展速度快，企业管理团队能力强，往往比其他企业有更强的开拓与冒险精神。做强做大的动机，使这些企业更容易将总部、研发部门或管理部门迁往中心城市或者国内一线城市，利用这些城市丰富的人才资源、科学技术资源以提高产品的质量，使整个企业获得更加长远的发展。这种企业的迁移趋势一般是上行迁移。

（2）企业成立时间短，规模小

这种企业属于新兴企业，如果在原区位不能迅速占领市场、扩大规模，那么它们会选择迁移到大城市或区域中心城市去寻求发展的机会，并且这种企业由于规模不大、固定资产不多、在原区位的关系网络也不完善，所以迁移的沉没成本并不高,这些因素都吸引这种企业发生迁移。这些大城市与区域中心城市大多拥有雄厚的科研力量、发达的信息资讯、突出的人才优势,并且拥有完善的金融、贸易、流通、物流、咨询、策划等现代服务体系和相关的支持产业。优越的产学研环境与人才聚集优势使发达区域可以为新兴企业的研发和创新活动的开展提供优良的科技支撑和人力资本。

(3)企业成立时间长,规模小

这种企业由于自身管理或者产品等各方面的原因导致它不能在原区位占领足够大的市场,发展缓慢甚至停滞,那么这种企业大多会进行迁移,要么可能会迁往发达城市中寻求先进的技术或管理方法,要么可能会迁移原料聚集地抢占新市场,从而使企业得以生存下去。

(4)企业成立时间长,规模大

这种企业一般在原区位扎根多年,无论是产业链还是关系网络都十分完善,因此迁移意愿往往不强。在资源的约束与成本压力下它们往往会选择迁移,但由于企业固定资产过大,整体迁移成本过高,所以它们一般会选择部分生产环节迁移或者在外地投资建设新厂等。

三、嵌入层面：企业迁移的网络动力

影响企业迁移的嵌入层面因素主要有产业集群因素和市场因素。

(一)产业集群因素

在社会化分工日益发展的今天,绝大部分经济活动都离不开相关产业的支持。企业加入产业集群网络,可以获取集聚优势,降低交易与生产成本,提升专业化水平,提高企业效益。但当集群规模过大,也会使得集聚优势耗散,从而促使产业集群中的企业进行外迁。

1.产业集聚优势

产业集聚优势通常表现为以下三点:外部规模经济、需求提升优势和知识溢出优势。① 有的企业在进行迁移时为了获得集聚的优势往往会考虑其他企业区位决策的影响。因此,当一个企业决定迁移到某区域时,往往会带动一批企业进行迁移。这种群聚效应具体表现为示范效应、关联效应和群迁效应。示范效应指一个企业迁移的成功会成为其他企业的榜样,从而引导更多企业迁入。关联效应指产业链中核心或关键企业的迁入会带动大量相关和配套企业的迁入。群迁效应指在企业区位选择的时候往往具有群居的特性,通过群迁行为降低风险和不确定性。

2. 集聚优势耗散

为了获取集聚优势,企业往往会迁入到集群产业所在区域。但当企业聚集到一定程度,集聚优势也会逐渐消失,即出现集聚优势耗散,从而驱动企业外迁(Mccann 和 Folta,2008②;Prevezer,1997③)。2000 年以来,我国也出现了集群产业大规模外迁现象。尽管各地政府试图用土地、融资等政策方面的优惠来留住高品质集群企业,但效果并不理想。

从区域层面来看,由于当地的资源供给是有限的,当大量相关企业迁入产业集群区域中时,要素供给不足导致要素使用成本增加,造成拥挤成本,从而抵消了一部分产业集聚的优势(Pouder 和 St John,1996)④。从知识的视角来看,当地产业集群的知识溢出容易导致企业过于依赖本地知识从而产生锁定风险,会部分抵消知识溢出的优势 (Porter,2000⑤;Boschma 和 Frenken,

① 郝云宏:《企业区位战略决策论》,浙江工商大学出版社 2010 年版。
② Mccann B T,Folta T B,"Location Matters:Where We Have Been and Where We Might Go in Agglomeration Research",*Journal of Management*,Vol. 34(3),2008,pp. 532–565.
③ Prevezer M,"The Dynamics of Industrial Clustering in Biotechnology",*Small Business Economics*,Vol. 9(3),1997,pp. 255–271.
④ Pouder R,St John C H,"Hot Spots and Blind Spots:Geographical Clusters of Firms and Innovation",*Academyof Management Review*,Vol. 21(4),1996,pp. 1192–1225.
⑤ Porter M E,"Location,Competition,and Economic Development:Local Clusters in a Global Economy",*Economic Development Quarterly*,Vol. 14(1),2000,pp. 15–34.

2006①）。这两种因素会使企业产生外迁意愿。

从企业层面来看,企业的异质性使得集群中企业在知识储备和能力方面都有差距。这种知识和能力的非对称分布使得高品质企业付出多收获少、低品质企业付出少收获多,这种集聚优势的非对称分布耗尽了高品质企业的集聚优势,从而导致高品质企业产生外迁的意愿（Shaver 和 Flyer,2015）②。迁往其他区域的产业集群中重新获得集聚优势,从而使高品质企业自身得到发展,而不是一味地付出却没有收益（吴波,2012a;2012b）③④。

总而言之,产业集聚这一因素能给企业带来收益,驱动企业产生迁移到集群中的意愿,但与此同时,这一因素也会驱动部分高品质企业产生迁出原集群、迁入新集群的意愿。因此,产业集聚这一因素对于企业迁移意愿的形成有十分重要的影响。

（二）市场因素

市场因素包括市场规模、竞争状况、市场前景、市场开放程度、区域经济发展水平等因素。市场规模对于一个企业的利润有着直接的影响,从而影响企业迁移意愿。市场的规模一般无法对其进行直接性的测量,必须利用其可测量的相关指标进行估算,比如人口规模、人口主要构成、收入水平、年龄分布、消费习惯等指标。企业根据这些指标能估算出区域内市场的规模,再根据自己在市场的份额便能推算出市场的潜力。

市场竞争状况影响企业迁移意愿。如果在当地市场出现实力很强的同行

① Boschma R A, Frenken K, "Applications of Evolutionary Economic Geography", *Druid Working Papers*, 2006.

② Shaver J M, Flyer F, "Agglomeration Economies, Firm Heterogeneity, and Foreign Direct Investment in the United States", *Strategic Management Journal*, Vol. 21(12), 2015, pp. 1175-1193.

③ 吴波:《区位迁移与企业成长理论与实证研究》,浙江工商大学出版社 2012 年版。

④ 吴波:《基于集聚优势耗散的集群企业外迁动因实证研究》,《科研管理》2012 年第 11 期。

业竞争对手,企业为了避免恶性竞争,往往不会选择迁移至该区位。如果企业大量聚集在某区位之中,竞争程度会大幅度提高,从而产生"拥挤效应",并且会因此增加企业的运营成本,从而促使企业实施外迁。

市场前景是一个行业在特定地区未来一段时间的发展趋势与状况。如果某一地区在未来某个产业发展具有良好的前景,就会吸引企业迁入。市场开放程度是指外资和外来技术进入市场的难易程度,外资和外来技术进入越容易,企业的迁移意愿越强。区域经济程度是指地区的整体经济发展状况,企业往往在作出迁移决策前会全面地考察一个地区的经济发展状况。

第三节　企业迁移意愿形成逻辑

迁移意愿是企业在权衡迁移产生的利弊后而作出的区位再选择愿望。获取更多的利润是企业迁移的目标,如果原区位无法满足企业,而其他一个或几个区位能使企业获得更高的利润,那么企业家便会产生迁移意愿。迁移意愿在这里包含两层意思:一是迁移意愿的产生是在权衡利弊之后形成的;二是尽管迁移意愿的产生并不必然会发生迁移行为。企业最终的迁移决策与企业迁移行为的发生是综合多种现实因素的结果,但迁移意愿的产生是企业实行迁移行为的前提,企业没有迁移的意愿,也不可能产生迁移行为。

企业迁移意愿的产生是一个十分复杂的动态性过程,迁移意愿的产生受区位层面、企业层面和嵌入层面三个因素的直接影响。但从本质上来看,区位层面因素与嵌入层面因素属于拉动企业迁移的外部因素,企业层面因素是推动企业迁移的内部因素。

企业迁移的预期成本与收益受内外部因素的共同影响。一般来说,企业自身的推力越大,外部环境的拉力越大,企业越倾向于产生迁移意愿。但是对于一个准备选择目标区位进行重新选址的企业而言,并不是所有的成本与收益都清晰可测,面对的只是预估的收益与成本。

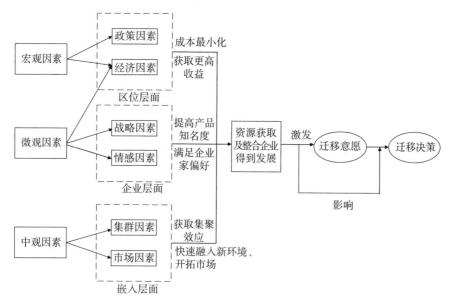

图 3-1　影响因素与迁移意愿形成

　　企业的迁移意愿大小取决于企业对迁移的感知价值(perceived value)①。迁移的感知价值越大,企业的迁移意愿也就越强。因此,通过衡量企业的迁移感知价值即可衡量企业迁移的意愿。迁移感知价值是对迁移行为的综合评估,主要基于权衡迁移感知的收入与成本之间的关系。除了企业迁移所支付的货币以及花费在搜索和判断的时间和精力之外,感知成本还包括感知作为无形精神成本的风险成本。在企业迁移成本的构成中,风险成本对企业迁移决策行为有着重要的影响作用。感知风险包括两个因素:(1)决策结果的不确定性;(2)错误决策的后果严重性,即可能损失的重要性。在综合考虑感知收益与感知成本的基础上,企业才真正产生迁移意愿。

　　这里需要说明的是,企业有了迁移意愿,不一定产生迁移行为。企业发生迁移行为,除了受产生迁移意愿因素的影响,还取决于企业负责人的风险偏好

_____

　　① 感知价值(perceived value)一词来源于消费行为学,用以研究消费者心理活动对购买意愿的影响。本书借鉴这一概念,提出"迁移感知价值"概念。

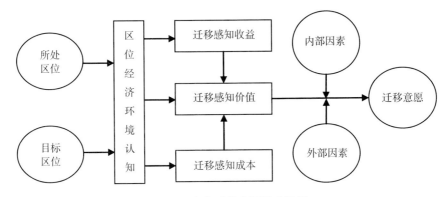

图 3-2　企业迁移意愿形成逻辑

以及企业在所在地的区位粘性。

对于一个准备选择目标区位进行重新选址的企业而言,由于并不是所有的成本与收益都清晰可测,企业迁移的过程,也就难免伴生很多不可预期的风险。因此,企业迁移行为的最终是否发生,还取决于企业对迁移风险的衡量与决策。

企业产生迁移意愿后,企业所在区位对企业的迁移也会产生黏着力或者阻力,这种阻力(区位粘性)也影响着企业最终的迁移决策与行为。

区位粘性是指企业所在区域对企业所产生的黏着力,使企业难以发生区位改变或者迁移的现象。区位粘性产生于企业与所在区域之间的各种联系。正是由于区位粘性的存在,企业有了迁移意愿,并不意味着必然会发生迁移行为,而是对原有区位表现出惯性和依赖。在空间经济学看来,区位粘性就是路径依赖的结果。当企业在其所在区位成长壮大后,其所在区域就会对企业的各种生产经营活动产生黏着力,企业如要改变脱离原区位,往往需要付出巨大的成本与代价。当一个企业对某一地区具有较强的依附性时,即使其他区域对企业有较强的吸引力,企业也会往往受这种较强依附性的影响而难以产生迁移行为,我们也将这种较强的依附性称之为粘性。

一般而言,企业对原址的区位粘性主要由非理性决策粘性、地域关联粘性、社会资源粘性、集聚效应粘性、洼地效应粘性、政治资源粘性等因素构成（叶广宇、刘美珍，2011）①。

（1）非理性决策粘性

受能力、知识与信息等的限制，人们的决策往往会受到非理性的影响。企业迁移在选址决策中也往往会受到非理性的影响。能力、知识与信息等的限制与情感、心理因素等主观影响，都会产生企业迁移选址过程中的非理性行为。家乡情结是企业迁移选址中较为典型的非理性行为，企业为了留恋故土或是为了为家乡作贡献的愿望往往会放弃迁移至更有区位优势的中心城市，而选址在出生地。

（2）地域关联粘性

企业经济有商业模式往往与企业所在地紧密关联。当企业商业模式具有地域关联性时，企业对该地区就会产生强烈的依赖，并且地域关联性越强，企业迁移的意愿就会越低，越会难以实施企业决策。比如当企业的商业伙伴、产品市场、战略性生产资源主要集中在企业所在区位时，企业迁移就越难以作出迁移的决策。

（3）社会资源粘性

劳动力、教育、资本、科技等社会资源对企业竞争优势的形成与市场竞争力的获得有重要的影响。一般而言，当企业在某一区域成长起来之后，已经与当地的企业、政府、市场建立起了稳定的社会网络，这种社会网络使得企业在生产经营上十分便利，进一步形成了企业在该区域的特殊竞争优势。企业的社会资源优势越明显，企业迁移的区位粘性就会越大，越会阻碍企业的迁移过程。

（4）集聚效应粘性

当企业在某一地区能享受聚集经济带来的成本节约、效率提升等好处时，

---

① 叶广宇、刘美珍：《企业选址中的区位粘性问题》，《商业经济与管理》2011年第1期。

企业迁移可能意味着对这些现有竞争优势的放弃,在这种情况下,企业往往会对原区位表现出更强的粘性,从而影响企业的迁移决策。

(5)洼地效应粘性

洼地效应表现为企业在所在地所独享的各种资源优势。特别是从中小城市成长起来的企业,往往在出生地享有更多的荣誉、呵护与关照,使得企业可以享受当地最优秀的市场服务、生产资源与人力资本以及当地最好的金融与中介服务。洼地效应,增强了企业对于出生地的依附力,构成企业迁移和区位粘性。

(6)政治资源粘性

在我国现行体制下,政治资源对企业发展有着举足轻重的影响。政府不仅可以为企业提供资金、土地、有利政策等客观支持,也可以给企业带来声誉等精神荣誉。当企业发生迁移离开原所在地时,这种地方政府的政治资源优势就会不复存在。因此,在存在良好的政治资源优势时,原区域对企业就会有较强的粘性,影响企业的迁移。[①]

可以看出,企业在自身推力与目标区位的推力下产生迁移意愿时,也可能因为原有区位的粘性而难以实施迁移行为。因此,企业迁移决策是综合各种理性与非理性因素,在迁移意愿与区位粘性的共同作用下的结果。

---

① 叶广宇:《中国民营企业总部选址研究》,经济科学出版社 2014 年版。

第四章 迁移意愿与迁移行为的
理论分析框架

本章以理性行为理论与计划行为理论为基础,结合企业迁移行为的特性,构建基于迁移意愿与迁移行为的理论模型,分析企业迁移意愿与迁移行为之间的逻辑关系。

第一节 理论背景

一、理性行为理论

1975 年,美国学者 Fishbein 和 Ajzen 提出了行为决策领域中著名的理性行为理论(Theory of Reasoned Action,TRA),理性人是其基本假设,当理性人在产生行为时会结合自己能够获取的信息来综合评判自身行为的意义和后果,从而得出该行为的可行性。[①]

理性行为理论中,行为意愿、行为态度和主观规范是三个重要指标。行为意愿(Behavioral Intention,BI)是指个体执行特定行为的一种倾向性,其与行

---

① Fishbein,Ajzen I,*Taking and Information Handling in Consumer Behavior*,Boston:Graduate School of Business Administration,Harvard University,1975,pp. 176-210.

为具有高度相关性;行为态度(Attitude towards the Behaviors,AB)是决策者对执行某种行为的正面或负面的感觉,主要体现的是个体内在的相关因素;主观规范(Subject Norm,SN)则涉及社会环境对个体行为的影响,它指的是一个人对执行或不执行某种行为所感受到的来自于社会的压力知觉。其中行为意愿受行为态度和主观规范的影响,它是态度、主观规范两者与行为之间连接的中间桥梁,能在一定程度上对行为的产生进行合理的推断。行为态度和主观规范间也存在一定的内在联系,许多学者甚至认为它们是高度相关的,如 Ryan(1982)[①]和 Lewis(2003)[②]等就认为主观规范是个体对外界影响因素的一种感知与认识,这种主观规范会影响个体对行为的态度,从而影响到个体的行为意向乃至于行为的产生。图 4-1 即为理性行为理论的基础模型[③]。

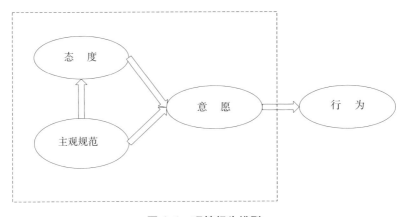

图 4-1　理性行为模型

---

① Ryan M J,"Behavioral Intention Formation:The Interdependency of Attitudinal and Social Influence Variables",*Journal of Consumer Research*,Vol. 9,1982,pp. 263-278.

② Lewis W,Agarwal R,"Sambamurthy V. Sources of Influence on Beliefs About Information Technology Use: An Empirical Study of Knowledge Workers",*MIS Quarterly*,Vol. 27(4),2003,pp. 657-678.

③ 黄彦婷、杨忠、金辉等:《基于社会影响理论的知识共享意愿产生模型》,《情报杂志》2013 年第 6 期。

二、计划行为理论

随着进一步的研究,部分学者发现意愿的产生并不总能导致行为的发生,即意愿与行为之间的高度相关性并不能总是成立。因此,为了扩大理论的适用范围,Ajzen 于 1985 年在理性行为理论的基础上加入了知觉行为控制(Perceived Behavior Control,PBC)①,从而发展成为新的行为理论研究模式——计划行为理论(Theory of Planned Behavior,TPB)。知觉行为控制是指个体感知到的执行某种行为的难易程度,反映的是决策者对行为任务方面的感知。知觉行为控制不仅会影响行为意愿的产生,更会在某种程度上影响到行为的最终发生②。

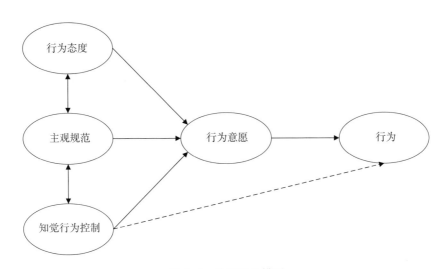

图 4-2　计划行为模型

① Ajzen I, "From Intentions to Actions：A Theory of Planned Behavior", in *Action Control*, J. Kuhl & J.Beckmann（Eds.）, Berlin Heidelberg：Springer, 1985, pp. 11–39.

② 张辉、白长虹、李储凤:《消费者网络购物意向分析——理性行为理论与计划行为理论的比较》,《软科学》2011 年第 9 期。

三、理论适用性分析

理性行为理论与计划行为理论作为研究与预测人类行为的理论,已经在各种领域被广泛应用于解释行为的产生,如人口流动行为、生育行为、绿色消费行为、农户土地流转行为、科技人员创新行为等,体现了它们良好的跨文化适用性,它们为许多行为研究提供了理论基础,成为行为研究中十分具有影响力的基础理论。企业迁移作为一种企业家行为,利用行为模型进行分析不失为一种较为合适的新视角。此外,目前国内外关于企业迁移的研究大多集中在迁移的影响因素及其动因,涉及意愿、决策及行为的研究十分少见。而在模型的选择方面,TPB 模型比 TRA 模型更为适合,TPB 模型是以 TRA 模型为基础,加入了知觉行为控制这一重要的解释变量,使模型更贴合企业迁移行为。

第二节　企业迁移意愿模型构建与理论假设

计划行为理论中共有五大要素,分别为行为、行为意愿、行为态度、主观规范与知觉行为控制,本书借鉴 Phan 和 Poh Kam Wong 等(2002)[1]与 Cialdini 等(1991)[2]的研究,将后三者细分为内生态度与外生态度、指令性规范与示范性规范、企业家控制力与自我效能感。

一、企业迁移行为态度

企业迁移行为态度是指企业家对企业迁移行为产生的正面或负面的评

① Phan,P.H.,Wong,P.K.,& Wang,C.K.,"Antecedents to Entrepreneurship among University Students in singapore:Beliefs, Attitudes and Background", *Journal of Enterprising Culture*, Vol. 10 (02),2002,pp. 151-174.

② Cialdini R B,Kallgren C A,Reno R R,"A Focus Theory of Normative Conduct:A Theoretical Refinement and Reevaluation of the Role of Norms in Human Behavior", *Advances in Experimental Social Psychology*,Vol. 24(1),1991,pp. 201-234.

价。企业迁移行为态度对迁移意愿的产生有重大影响。Phan 和 Poh Kam Wong 等(2002)将态度分为内生态度与外生态度①。内生态度指个体由于自身的个性及偏好等内部特质而产生的对行为的评价,而外生态度则是外在因素刺激个体所导致的对某项行为的评价。

(一)内生态度

在企业迁移行为中,企业家的乡土情结、特殊区位偏好、文化偏好与个人成就感等内部特质会导致其内生态度的改变。其中乡土情结指企业家的乡土根植意识与回馈意识,从而导致企业家不愿将企业迁移到外地或主动将企业部门迁往故土的现象发生;文化偏好指的是企业家由于经营发展需要或自身偏好从而对特定地区的文化环境、地域风土人情、民族特色或文化风俗认同度高;特殊区位偏好与文化偏好和乡土情结类似,但侧重程度不同,其主要包括企业家向往中心城市、中小县市,或对存在地缘与血缘关系的区位有特殊偏好,其迁入这类地区的可能性更大;个人成就感是指愿望与现实达到平衡时所产生的一种心理感受,在本书中则指企业家对豪华舒适的办公环境、荣誉的提升以及政府给予的其他表彰等产生积极的心理作用,依靠这类心理作用从而实现自我价值的满足。

综上所述,本书提出如下假设:

假设1:在企业迁移意愿的产生过程中,内生态度具有促进作用;

假设1-1:在企业迁移意愿的产生过程中,乡土情结具有阻碍作用;

假设1-2:在企业迁移意愿的产生过程中,特殊区位偏好具有促进作用;

假设1-3:在企业迁移意愿的产生过程中,企业家文化偏好意识越强烈就越能促进迁移意愿产生;

---

① Phan,P.H.,Wong,P.K.,& Wang,C.K.,"Antecedents to Entrepreneurship among University Students in Singapore:Beliefs, Attitudes and Background", *Journal of Enterprising Culture*, Vol. 10 (02),2002,pp. 151-174.

假设1-4:在企业迁移意愿的产生过程中,企业家对个人成就感要求越高,就越能促进迁移意愿产生。

（二）外生态度

劳动力成本、土地成本、原材料丰富程度、人力资本、信息与技术、交通与物流成本、基础设施与避免恶性竞争等8个外部因素的刺激会引发企业家外生态度的改变。

具体解释如下:

1. 原材料丰富程度是指企业在生产过程中所需要使用到相应原材料的区域存有量,资源充裕且易于获取原材料的地区对企业迁移的吸引力更强,特别是对资源型企业而言,资源充裕是其迁移的核心动力。但随着交通基础设施与物流技术的飞速发展,企业对于这项指标的敏感程度逐渐降低。

2. 劳动力、土地与交通物流成本是企业经营管理中重点关注的要素成本,它是指企业在雇佣劳动力、租赁或购买土地以及原料、半成品、产成品运输过程中所需要支付的资金成本,劳动密集型企业对这些指标的关注度普遍高于其他类型企业。我国近些年劳动力成本逐渐提高,人口红利逐渐消失,许多外资企业将生产部门从我国迁移至劳动力成本更低的越南、柬埔寨等国,企业家对这些指标的重视程度可见一斑。

3. 人力资本是企业创新与保持持久性竞争力的关键所在,它指的是企业在生产、研发、售后与管理过程中所需要的具有专业性技术的人才,具体包括各级管理人员与熟练技术人才,对现代企业而言,人力资本是比物质、货币等硬性资本更有价值的资本;信息技术是用于管理与处理信息所需要使用到的技术总称,在企业经营中主要涉及政策要求、市场行情与行业动态等信息。从企业类型来看,研发机构、创新型与高新技术企业对这些指标的关注度普遍高于其他行业企业。

4. 基础设施是社会赖以生存发展的一般物质条件,在本书中主要涉及支持企业经营活动的交通、水电、卫生、文化教育与科研技术服务等基础条件,这是所有企业都密切关注的指标,随着我国经济快速发展,不少县、镇级行政区域的基础设施也得到了极大改善,企业迁移可选区域大大增加,这也是我国产业从东部沿海区域向中西部转移的必要条件之一。

5.恶性竞争是指同类企业利用远低于行业平均价格提供产品与服务,以此来击垮商业竞争对手的一种非正当手段。企业利用区域迁移的手段,能有效降低与相关企业发生不正当竞争的可能性,从而从根本上避免市场秩序混乱现象的发生,间接优化了市场资源的配置并降低了企业的经营成本、提高了企业经营利润。恶性竞争与价格战往往相生相伴,企业为了打击竞争者,不惜大幅降低产品价格从而获取更大的市场份额挤出竞争对手,竞争对手无奈之下只有搬迁企业,去寻找新的市场。

综上所述,本书提出如下假设:

假设2:在企业迁移意愿的产生过程中,外生态度对该过程具有积极促进作用;

假设2-1:在企业迁移意愿的产生过程中,目标区位原材料丰富程度越高就越能促进迁移意愿产生;

假设2-2:在企业迁移意愿的产生过程中,目标区位劳动力成本越低就越能促进迁移意愿产生;

假设2-3:在企业迁移意愿的产生过程中,目标区位土地成本越低就越能促进迁移意愿产生;

假设2-4:在企业迁移意愿的产生过程中,目标区位物流与交通成本越低就越能促进迁移意愿产生;

假设2-5:在企业迁移意愿的产生过程中,目标区位人力资本越优越就越能促进迁移意愿产生;

假设2-6:在企业迁移意愿的产生过程中,目标区位信息与技术越发达就越能促进迁移意愿产生;

假设 2-7：在企业迁移意愿的产生过程中，目标区位基础设施越完备，就越能促进迁移意愿产生；

假设 2-8：在企业迁移意愿的产生过程中，目标区位遭受恶性竞争的可能性越小，就越能促进迁移意愿产生。

内生态度、外生态度与行为态度之间的逻辑架构如图 4-3 所示：

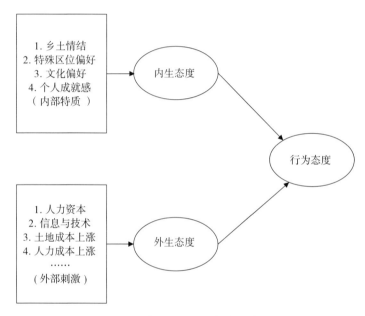

图 4-3　企业迁移行为与行为态度

二、企业迁移主观规范

企业迁移主观规范主要指的是政府与其他企业对企业迁移带来的推动力和影响力。Cialdini 等（1991）将主观规范细分为个体规范（personal norm）、示范性规范（descriptive norm）和指令性规范（injunctive norm）①，而

---

① Cialdini R B，Kallgren C A，Reno R R，"A Focus Theory of Normative Conduct：A Theoretical Refinement and Reevaluation of the Role of Norms in Human Behavior"，*Advances in Experimental Social Psychology*，Vol. 24（1），1991，pp. 201-234.

Harrison(1995)的研究却发现个体规范仅能提高某些与道德有关的行为解
释力①,因此本书仅选取指令性规范作与示范性规范为企业迁移主观规范
的研究依据。

（一）指令性规范

指令性规范则主要来自于政府政策以及政府能够干预到的一些指标,因
此也可称之为政策性规范,包括环境管制、土地优惠程度、税收优惠程度、信贷
支持大小、行政效率高低与政府配套服务完备程度等6项主要指标。

1. 环境管制是政府挤出高污染、高排放、高能耗企业的主要政策手段之
一。近几年来,我国加强了环境治理,政府通过一系列措施控制有害物质的
排放,在一定程度上提高了企业特别是高排污企业的生产成本。环境标准
的提高,会促使一些"三高"企业迁往环境门槛相对较低、环境管制相对宽
松的郊区或欠发达的地区,从而使得整体生态环境得到极大程度的改善。
为更好地保护生态环境,污染型企业"退城进园"必将是大势所趋,环境管
理作为政府的强制性措施,即使企业家不具有迁移意愿,迁移行为也将必然
发生。

2. 行政效率指政府机关人员从事行政管理活动的速度与质量。行政效率
也会影响企业的生产成本,如果企业原区位有较高的行政效率,就会降低企业
外迁的可能性;如果目标区位有更高的政府行政效率,则会增加企业迁入的可
能性。

3. 土地优惠政策是政府吸引高品质企业的主要手段之一。为了鼓励高品
质企业与符合地区产业目标和发展方向企业的迁入,减征土地使用费、降低土
地租赁成本与提供租赁信贷支持等优惠措施被各级政府所采纳。对于企业潜

① Harrison D A, "Volunteer Motivation and Attendance Decisions: Competitive Theory Testing in Multiple Samples From a Homeless Shelter", *Journal of Applied Psychology*, Vol. 80 (3), 1995, pp. 371-385.

在迁入地而言,当地土地优惠政策力度越大,企业迁移行为发生的可能性越高。

4.税收优惠与土地优惠政策类似,都能显著降低企业商务成本。它主要指政府推行的免征或减免企业所得税、给予技术和研发费用的政策资金支持。对于企业潜在迁入地而言,其税收优惠力度越大,企业产生迁移意愿与行为的可能性越高。

5.信贷支持是政府对企业采取资金支持的政策之一。由于企业迁移过程的复杂性与时滞性,迁移成本与风险可能很大,针对于此,政府通常会采取加大对企业搬迁的补偿力度,在保证风险控制的同时放松信贷条件,解决企业迁移过程中资金衔接的困难。倘若迁入地能为企业提供更多的信贷支持,企业更有可能迁出原区域。

6.政府配套设施比基础设施包含的种类更多,除了厂房、水电与卫生等基础条件,其还包括商业服务、环境保护与园林绿化等市政类公用工程设施与公共生活类服务设施等。这类生产经营基础对企业正常运转起着至关重要的作用,也是企业进行迁移时首先需要考量的指标之一。潜在迁入地政府配套设施越完善,企业发生迁移行为的可能性越高。

综上所述,本书提出如下假设:

假设 3:在企业迁移意愿的产生过程中,指令(政策)性规范具有促进作用;

假设 3-1:在企业迁移意愿的产生过程中,目标区位环境管制越严格就越能促进迁移意愿的产生;

假设 3-2:在企业迁移意愿的产生过程中,目标区位土地优惠力度越大,就越能促进迁移意愿产生;

假设 3-3:在企业迁移意愿的产生过程中,目标区位税收优惠力度越大,就越能促进迁移意愿产生;

假设 3-4:在企业迁移意愿的产生过程中,目标区位信贷支持力度越大,就越能促进迁移意愿产生；

假设3-5：在企业迁移意愿的产生过程中,目标区位行政效率越高,就越能促进迁移意愿产生；

假设3-6：在企业迁移意愿的产生过程中,目标区位政府配套设施越健全,就越能促进迁移意愿产生。

(二)示范性规范

企业家所感知到的示范性规范则主要来自于与其生产经营环境密切相关的经济活动参照系,比如市场前景、市场开放程度、区域经济水平、公平竞争环境、产业配套与产业集群网络。

1. 市场前景是指一个地区的市场发展现状以及未来发展容量与潜力,具有发展潜力的市场往往是企业所青睐的潜在迁入地。

2. 市场开放程度指的是区域间生产要素流动的受限程度,也代表着外资和外来技术进入区域内的难易程度。潜在迁入地市场开放程度越高,外界资本与技术进入壁垒越低,企业获得资本与技术支持的可能性就会越高,企业发生迁移行为的可能性越高。

3. 区域经济水平指地区经济的总体运行情况,是当地企业、居民与政府过去经济发展的成果,企业在进行迁移决策时通常会关注自身企业属性与未来发展方向与待迁入区域经济实力的匹配程度。

4. 一个能够公平竞争的环境往往是企业所向往的目标,在一个公平竞争的环境中,企业的产成品畅销度更高,产品竞争力得到充分释放。没有地区性的贸易保护与行政区域壁垒的束缚,企业技术创新的动力也能更快地激发。

5. 产业配套是指区域经济发展方面的相关产业条件,主要包括与企业原因供给、生产、销售、市场服务、品牌建设等相关联的上下游企业的配套情况以及人力资本、软硬环境与信息技术等因素的支持情况。迁入地产业配套越完

善,企业迁入的可能性越大;

6.产业集群网络是集聚效应与规模效应的主要载体,主要指与企业具有相互关联、协作共生的关系的企业集群系统,例如产业园区、城市经济圈与城市群。产业集群网络可以使企业发挥集团作战的优势,因此,产业集群网络对越发达,企业加入的可能性越大。

综上所述,本书做出如下假设:

假设4:在企业迁移意愿的产生过程中,示范性规范具有促进作用;

假设4-1:在企业迁移意愿的产生过程中,目标区位市场前景越广阔,就越能促进迁移意愿产生;

假设4-2:在企业迁移意愿的产生过程中,目标区位市场开放程度越高,就越能促进迁移意愿产生;

假设4-3:在企业迁移意愿的产生过程中,目标区位经济水平越发达,就越能促进迁移意愿产生;

假设4-4:在企业迁移意愿的产生过程中,目标区位企业竞争环境越公平,就越能促进迁移意愿产生;

假设4-5:在企业迁移意愿的产生过程中,目标区位产业配套越全面,就越能促进迁移意愿产生;

假设4-6:在企业迁移意愿的产生过程中,目标区位产业集群网络越集中,就越能促进迁移意愿产生。

指令(政策)性规范、示范性规范与主观规范之间的逻辑架构如图4-4所示:

三、企业迁移知觉行为控制

知觉行为控制可以细分为自我效能感与企业家控制力这两个因素。

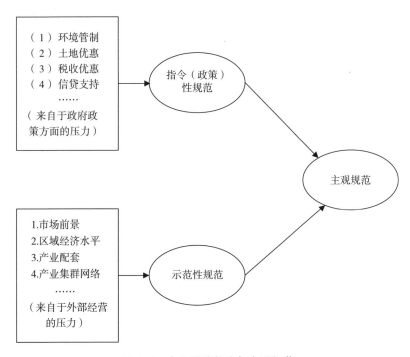

图 4-4 企业迁移行为与主观规范

（一）自我效能感

自我效能感指的是个体对自己是否有能力完成某一行为所进行的推测与判断。意愿的形成必然要受到个体理性思维和直觉思维的影响,理性思维形成了个体的态度和感知,而直觉思维直接影响的便是自我效能感。企业家的自我效能感主要体现在企业家精神与冒险精神两方面,企业家精神是指企业家不断扩张与开拓进取的意识,强烈的信心与不满足于现状的心态使得企业规模不断扩大;而冒险精神则是指企业家突破区域界限的创新意识较强,勇于接受挑战。企业家精神、冒险精神越强烈,其对于迁移成功的信心越强烈,自我效能感越强,更加敢于接受迁移过程中的挑战与风险。

综上所述,本书提出以下假设:

假设5:在企业迁移意愿的产生过程中,自我效能感具有促进作用;

假设5-1:在企业迁移意愿的产生过程中,企业家冒险精神越强烈,就越能促进迁移意愿产生;

假设5-2:在企业迁移意愿的产生过程中,企业家精神越强烈,就越能促进迁移意愿产生。

(二)企业家控制力

企业迁移控制力是企业家综合考量了自身具备的资源、所处的环境、团队的能力、迁移的风险与成本后,对企业迁移行为控制程度的客观评价。企业迁移过程中将遇到许多未知的阻碍因素,当企业家感知到自己与所处团队能够很好地掌控迁移过程时,迁移意愿随之增强。本书将业务调整、组织结构变更、企业空间扩张动力、企业运营能力、员工随同企业迁移的可能性大小、企业提升知名度的动机、对迁入地积极预期与对迁出地消极预期等8个与企业内部活动及感知密切相关的因素纳入考量指标范围内,各指标具体含义如下:

1. 业务调整主要是指企业生产、经营、管理与研发等业务上发生的战略变动,包括企业家营业务的调整、企业自身生产能力和技术设备水平的变化等。

2. 组织结构变更指企业组织内部结构变化,组织结构优化能使企业跨区域收购、兼并与重组变得更为便捷。

3. 企业空间扩张是企业规模调整的主要表现形式之一,为了降低经营成本、开辟新市场或新的商品服务群体,当原区位已无法满足企业的发展时,企业往往会选择迁移的形式实现企业规模的扩张,主要手段为在其他地区新建生产基地、布局管理部门或研发部门。

4. 提升企业知名度是指企业的品牌提升活动。从区位选择来看,企业从欠发达地区迁移到经济更为发达的地区或中心城市,能够接触更多优质客户及高品质同行企业,提升品牌价值与知名度,提高产品竞争力。

5.企业运营能力是指企业经营各种资产与调动各种资源的能力。包括企业迁移资金到位情况、迁移成本与风险衡量情况。相比于其他生命周期的企业而言,成长阶段的企业有更强烈的扩张意愿,因此就会产生更大的迁移可能;而衰退阶段的企业往往因为运营能力下降,会降低迁移发生的可能性。

6.员工追随企业迁移可能性指的是企业员工随同企业迁移的意愿大小,如果企业员工特别是技术熟悉的老员工与中高层管理人员不愿意追随企业迁移,一定程度上会阻碍企业迁移意愿的产生。

7.企业家对迁入地积极预期与对迁出地消极预期是指企业在经过一系列的调查考量后,对迁移行为的预测。

综上所述,本书做出如下假设:

假设6:在企业迁移意愿的产生过程中,企业家控制力具有促进作用;

假设6-1:在企业迁移意愿的产生过程中,业务调整可能性越高就越能促进迁移意愿产生;

假设6-2:在企业迁移意愿的产生过程中,组织结构变更可能性越高就越能促进迁移意愿产生;

假设6-3:在企业迁移意愿的产生过程中,企业空间扩张意识越强就越能促进迁移意愿产生;

假设6-4:在企业迁移意愿的产生过程中,企业对知名度要求越高就越能促进迁移意愿产生;

假设6-5:在企业迁移意愿的产生过程中,企业运营能力越强劲就越能促进迁移意愿产生;

假设6-6:在企业迁移意愿的产生过程中,员工追随企业迁移可能性越高就越能促进迁移意愿产生;

假设6-7:在企业迁移意愿的产生过程中,对目标区位的预期越乐观就越能促进迁移意愿产生;

假设6-8：在企业迁移意愿的产生过程中，对迁出地的预期越悲观就越能促进迁移意愿产生。

图4-5给出了自我效能感、企业家控制力与感知行为控制之间的逻辑架构：

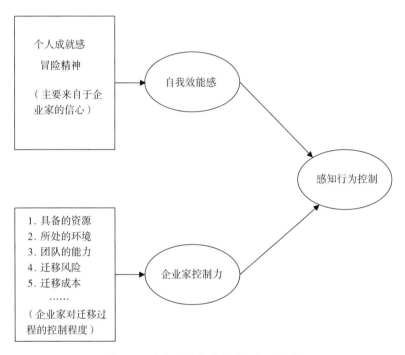

图4-5 企业迁移行为与感知行为控制

四、企业迁移意愿产生机理模型

在前文分析的基础上，本章构建企业迁移意愿与行为产生机理模型（图4-6），同时建立影响企业迁移的指标体系。

为研究不同年龄与不同规模企业对迁移意愿影响结果的差异性，在指标体系中设置企业年龄与企业规模为控制变量，具体指标体系如表4-1所示。

表 4-1　企业迁移意愿影响因素指标体系

一级指标	二级指标	一级指标	二级指标
内生态度	文化偏好	示范性规范	市场前景
	特殊区位偏好		市场开放程度
	乡土情结		区域经济水平
	个人成就感		产业配套
外生态度	原材料丰富程度	企业家控制力	产业集群网络
	劳动力成本		公平竞争环境
	土地成本		业务调整
	交通与物流成本		组织结构变更
	人力资本		提升企业知名度
	信息与技术		企业运营能力成长性
	基础设施		企业空间扩张
	避免恶性竞争		员工追随企业的可能性
指令性规范	环境管制		对迁入地积极预期
	土地优惠		对迁出地消极预期
	税收优惠	自我效能感	冒险精神
	信贷支持		企业家精神
	行政效率	企业属性	企业年龄
	政府配套服务		企业规模

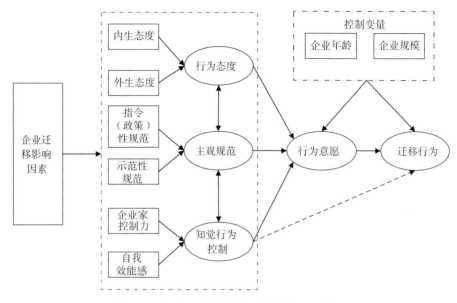

图 4-6 企业迁移意愿与行为产生机理示意图

第三节 迁移意愿、决策与行为

企业迁移意愿的产生受主观规范和行为态度、感知行为控制的影响,那么意愿、决策与行为三者之间的内在逻辑联系是怎样的呢?

一、企业迁移意愿形成过程

利用图形的方式来具体描述企业迁移意愿的形成过程。首先假设企业原区位处于空间边际收益率范围内的最优位置 P。由于各种外界因素的干扰,比如市场的改变,成本的增加或不利政策的实施等主客观因素,企业所处的位置将成为次优状态,此时若企业面临低于产业利润率甚至不久后会出现亏损的状况时,它就会开始考虑迁移到能提高利润率的区位中去,从而形成迁移意愿,迁移意愿的产生主要是因为所处原区位不能满足企业发展需求从而推动

企业离开原区位。而次最优地理位置的测量标准可以用图4-7做出解释:

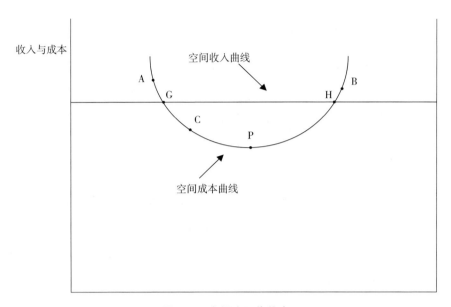

图4-7 空间边际收益率

资料来源:Smith(1966,p.106)①。

企业处于P点时即为最优位置,此时企业成本最小化从而利润最大化,然而当外界环境发生变化后,企业所处位置在空间成本曲线上发生了移动。G点和H点为临界点,当企业处于这两点时,成本等于收益,企业所获利润为0;当企业处于G点左侧A或H点右侧B所在的轨迹上时,企业出现亏损;当企业处于G、H下方轨迹时(不包括P点),企业仍处于盈利状态,但不是最优点。企业所处的区位越是次最优,企业进行迁移的可能性越大。即使企业仍处于空间边际收益率范围内(如C点),但当决策者得到有一个或更多的区位是处于更高的收益率的信息时,目标区位各种优良的区位因素便成为驱动企业向其迁移的拉力因素。再综合考虑阻碍企业迁移的如沉没成本等阻力因

① Smith D M,"A Theoretical Framework for Geographical Studies of Industrial Location",*Economic Geography*,Vol. 42,1966,pp. 95−113.

素,企业便会最终形成迁移意愿。

二、企业迁移决策过程

然而有了迁移意愿并不一定意味着迁移行为一定会发生,迁移决策是迁移意愿和迁移行为之间的桥梁。企业家在进行迁移决策时,会根据所能搜集到的资料,通过分析、总结和评价各种信息资源,将迁移意愿转化为迁移决策。若迁移行为确实能给企业带来更大的利润,则迁移决策将转化为迁移行为,反之则消除迁移意愿。

对于迁移的决策过程可以分为三个阶段,即迁移动机的产生、迁移动机的识别与评价、迁移决策与行动。迁移动机来源于迁移意愿,迁移意愿越强烈则动机越强烈,从而更加有利于企业家进行迁移决策。迁移意愿是迁移决策的重要参考标准,可以说没有了迁移意愿,企业自主的迁移行为不可能发生。

图4-8给出了企业家具体的决策过程:

迁移意愿形成迁移动机,企业家对迁移动机进行识别和评价后才会进行迁移决策,而决策主要根据的是企业的内部环境和外部环境中的影响因素。

由于企业在进行迁移决策过程中,所需要考虑的经济、社会和政治因素因区位而定,不同的区位具有不同的区位要素,它们反映的是一定的经济空间的本质的经济条件,这些区位要素相互之间可以进行对比,无须考虑企业的行业类别与性质,但是对于不同的企业,这些区位要素对企业的贡献或制约程度不尽相同,所以企业在进行决策时需要对这些信息进行甄别、分析及评价。

企业内部的组织结构因企业而异,不同企业的经验、能力、管理方式都不尽相同,因此会影响企业家的决策结果。

企业的信息搜集、处理及评价过程是企业决策过程中最重要的一环,但是这一过程受到企业决策者的影响,企业决策者可能会根据自己经验和偏好改变决策结果。

企业迁移行为是一种具有目的性、主动性、风险性、复杂性、动态性和策略

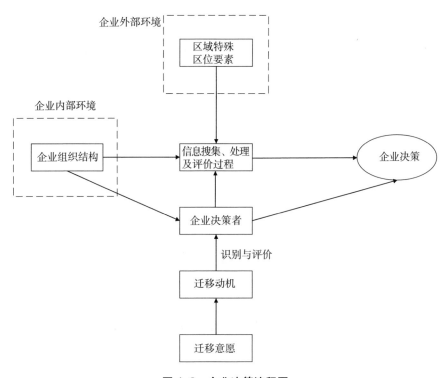

图 4-8　企业决策流程图

性的行为。企业家进行决策时对于信息的传递、存储以及一系列的调查评估都影响着整个迁移行为决策流程(图 4-9)。

三、迁移意愿与迁移行为决策

(一)行为态度与意愿、行为之间的关系

由于内生态度是个体由于自身的个性及偏好等内部个人特质而产生的对意愿或行为的评价,这种评价更多考量的是情感层面的态度。一旦企业家偏好某个区位的文化习俗,便会产生迁移意愿,但在意愿到行为的过程中,企业家往往会保持理性的态度,全面考量迁移行为的利弊得失,故内生态度在对行为产生过程中的重要性大幅下滑。

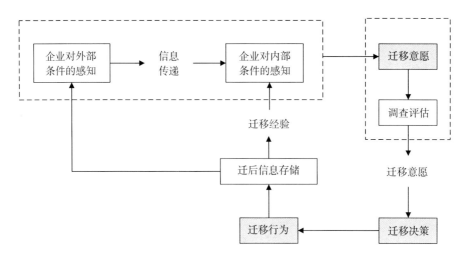

图 4-9 迁移意愿与决策逻辑关系图

外生态度是外在因素刺激个体所导致的对某项意愿或行为的评价,这种评价更多地考量的是一些经济类指标。倘若企业能在目标迁入地倚仗这些指标获利更高,则迁移意愿越强,迁移行为发生概率更高。

综上所述,本书提出如下假设:

假设7-1:内生态度对迁移意愿有正向作用;

假设7-2:内生态度对迁移行为有作用并不显著;

假设7-3:外生态度对迁移意愿有正向作用;

假设7-4:外生态度对迁移行为有正向作用。

(二)主观规范与意愿、行为之间的关系

指令性规范主要是来自于政治环境,涉及一系列政府政策以及政府能够干预到的指标。一般来说,目标迁入地政府政策优惠力度越大,企业越容易产生迁移意愿、发生迁移行为。

示范性规范主要来自于经济环境,主要涵盖与其生产经营环境密切相关的经济活动参照系。这些因素一般会间接影响企业获取利润的数额,故而这些条件在目标迁入地条件越好,企业产生迁移意愿、发生迁移行为概率越高。

综上所述,本书提出如下假设:

假设8-1:指令(政策)性规范对迁移意愿有正向作用;

假设8-2:指令(政策)性规范对迁移行为有正向作用;

假设8-3:示范性规范对迁移意愿有正向作用;

假设8-4:示范性规范对迁移行为有正向作用。

(三)知觉行为控制与意愿、行为之间的关系

知觉行为控制是企业家对行为控制程度的把握,其掌握的资源越多、预期的阻碍越小,则对行为的控制力就越强。

自我效能感代表的是一种自信与向上的理念。倘若企业家始终存在着不断进取的雄心壮志,并且具有强烈的信心、冒险精神与创新意识,那么企业相对越容易产生迁移意愿并发生迁移行为。

企业家控制力是企业家综合考量了自身具备的资源、所处的环境、团队的能力、迁移的风险与成本后,对企业迁移行为控制程度的客观评价。企业家控制力越强,代表企业家更有把握迁移成功,迁移意愿与迁移行为发生的概率越高。

假设9-1:自我效能感对迁移意愿有正向作用;

假设9-2:自我效能感对迁移行为有正向作用;

假设9-3:企业家控制力对迁移意愿有正向作用;

假设9-4:企业家控制力对迁移行为有正向作用。

(四)意愿与行为之间的关系

企业迁移意愿是企业迁移发生前企业家对行为的初步考量,它包含了企业家对企业现状与影响企业发展因素的思考,它在行为态度、主观规范、知觉

行为控制与行为之间起到了桥梁性的作用,是一个中介引导变量。根据计划行为理论,意愿是解释行为最直接的因素。

综上所述,本书提出如下假设:

假设 10:迁移意愿对迁移行为有正向作用。

第五章　迁移意愿对企业迁移
行为影响的实证研究

在计划行为理论的基础上,前文构建了企业迁移意愿与行为产生机理模型。本章以江苏、湖北、湖南、贵州四省 289 家企业数据作为研究对象,实证分析了企业迁移意愿与行为的内在逻辑关系,以及各影响因素对它们的作用效果,对意愿与行为之间出现的偏离现象进行逻辑解释并提出具有针对性的政策建议。

第一节　问卷设计、发放与回收

为验证模型研究假设,并对影响企业迁移意愿的各因素进行量化分析,本书设计了一套具有一定可行性与科学性的企业迁移调查问卷。问卷主要由四个部分构成:首先是企业的基本情况与经营管理现状,该部分涉及企业类型与所属行业、企业规模、企业成立时间、企业服务的产品市场大小与企业有无迁移史等方面问题;其次是对关于企业迁移影响因素的调查,主要涉及政策、经济、战略与情感四个层面 28 个影响因素的考察;再次是企业迁移意愿调查,包括有无迁移意愿、目标区位选择意向、迁移原因、拟采取的迁移方式等问题;最后是企业迁移效果的调查,包括企业迁移效益变化情况、效应变化原因、企业迁移的区域影响以及企业迁移中将会面临的问题等几个方面。

　　课题组先后在江苏省徐州市、湖北省武汉市、湖南省怀化市、贵州省铜仁市等城市进行了深入调研。在各市经济技术开发区管理委员会与企业高层管理人员的支持和配合下,课题组对 50 家企业进行了深度访谈,完成调查问卷 289 份,回收率为 100%。样本横跨我国东部、中部与西部,可靠性高。剔除部分填写不完善与填写有误的问卷,最终得到有效问卷共计 214 份,有效问卷率达到 74%。

第二节　数据收集与预处理

　　对内生态度、外生态度、指令(政策)性规范、示范性规范、企业家控制力与自我效能感的 34 个二级指标依照调查问卷中各企业的回答给予赋值。例如,如企业认为其迁移愿意产生的原因是"本地劳动力价格过高",则对外生态度的二级指标劳动力成本赋值为 1,没有勾选的二级指标赋值为 0;如企业认为使其迁移愿意产生的原因是"因环境污染政府强制迁移",对指令性规范下属二级指标环境管制变量赋值为 1,倘若没有勾选则该二级指标赋值为 0,以此类推。内生态度、外生态度、指令(政策)性规范、示范性规范、企业家控制力与自我效能感 6 个一级指标的赋值采用对二级指标加权的方法,权重为各指标的列总和占全部总和的比重。

　　对控制变量赋值,企业规模采用国家统计局分类标准。在国家统计局的标准基础上将企业规模划分为小型(包括微型企业与小型企业)和中大型(包括中型企业与大型企业)两类,其中小型用 0 表示,中大型用 1 表示。企业年龄以成立时间 10 年为界限,分为两级,企业成立 10 年以下用 0 表示,10 年以上用 1 表示。

第三节 样本描述性统计

一、样本企业基本现状分析

在剔除无效问卷后的 214 家有效样本企业中,124 家为资源型企业,占比 58%;66 家为劳动密集型企业,占比 31%;24 家为高新技术企业,占比 11% (图 5-1)。

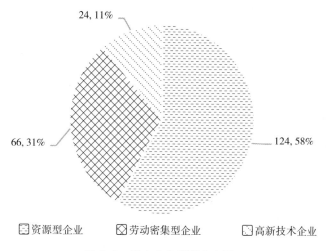

24,11%

66,31%

124,58%

▨资源型企业 ◇劳动密集型企业 ⊞高新技术企业

图 5-1 样本企业类型分布图

从成立年份来看,大部分企业成立于 2000 年以后,其中 2000 年及以前成立的企业共有 24 家,占总样本数 11.2%;2001—2010 年成立的企业共有 105 家,占总样本数 49.1%;2011 年及以后成立的企业共计 85 家,占总样本数 39.7%(图 5-2)。

从企业所有制形式来看,17 家为国有企业,2 家为集体企业,162 家为私营企业,27 家为股份合作制企业,2 家为合资经营企业,2 家为合作经营企业,2 家为外商独资企业。可以看出,样本采集范围广,数据说服力强,绝大多数企业属于私营企业,这也与目前我国企业的所有制形式相符(表 5-1)。

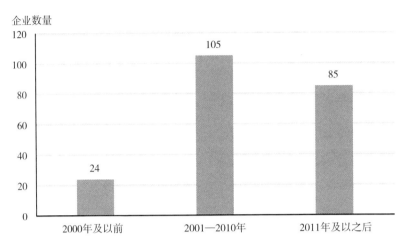

图 5-2 样本企业成立时间分布图

表 5-1 样本企业所有制形式分布表

企业类型	企业数量（家）	占比（%）
国有企业	17	7.94
集体企业	2	0.93
私营企业	162	75.70
股份合作制企业	27	12.62
合资经营企业	2	0.93
合作经营企业	2	0.93
外商独资企业	2	0.93

从样本企业所服务的市场来看,绝大多数在国内市场,其中企业产品服务国内市场的企业共计175家,占比82%;产品远销国外市场的企业共计10家,占比5%;剩下的29家企业为全球消费者提供产品,占比13%(图5-3)。

从企业在产业链中所处的位置来看,有71家企业处于产业链中上游,占

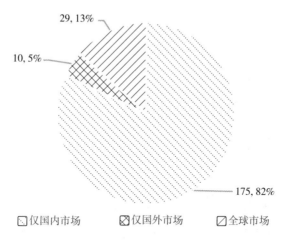

29,13%

10,5%

175,82%

▣仅国内市场　▨仅国外市场　◪全球市场

图 5-3　样本企业产品市场分布图

总体比重的 33.2%;有 53 家企业位于产业链中下游,占比 24.8%;其余企业两者兼有,占比 42%(图 5-4)。

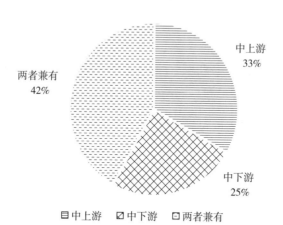

两者兼有
42%

中上游
33%

中下游
25%

▤中上游　▨中下游　▥两者兼有

图 5-4　样本企业产业链位置分布图

　　从产业集群来看,超过半数企业加入了较有规模的产业集群,共计 126 家,占比 58.9%;81 家企业尚未加入产业集群,占比 37.9%;剩余企业未填写该栏,占比 3.2%(图 5-5)。

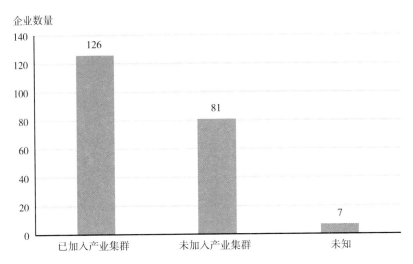

图 5-5　样本企业产业集群示意图

二、样本企业名义型变量描述性分析

在样本企业中发生过迁移行为的企业有 98 家,占总数的 45.8%;有迁移意愿的企业共计 104 家,占比 48.6%,采样企业意愿与行为数据基本均衡,整体采样较好。从企业年龄来看,绝大多数企业成立时间较短,成立 10 年及以下的企业共计 157 家,占比达到 73.4%;成立 10 年以上企业共 57 家,占比为 26.6%。从企业规模来看,中大型企业占绝大多数,共计 138 家,占比为 64.5%,小型企业为 76 家,占比为 35.5%(表 5-2)。

表 5-2　名义型变量的基本统计量信息

变量	分类	频率	百分比(%)
企业迁移行为	0	116	54.2
	1	98	45.8
企业迁移意愿	0	110	51.4
	1	104	48.6

续表

变量	分类	频率	百分比（%）
企业年龄	0	157	73.4
	1	57	26.6
企业规模	0	76	35.5
	1	138	64.5

表5-3给出了一级指标的基本统计量信息,包括极大值、极小值、均值与标准差。

表5-3　一级指标基本统计量信息

一级指标	极小值	极大值	均值	标准差
内生态度	0.00	1.00	0.3293	0.2982
外生态度	0.00	1.00	0.3730	0.2041
指令(政策)性规范	0.00	1.00	0.4754	0.2533
示范性规范	0.00	1.00	0.5735	0.2612
企业家控制力	0.00	0.91	0.4079	0.2028
自我效能感	0.00	1.00	0.6343	0.3637

表5-4给出了内生态度各二级指标的基本统计量信息,样本企业认为文化偏好、特殊区位偏好、个人成就感与乡土情结对企业迁移意愿产生影响的数量占比分别为43.0%、24.8%、16.8%与34.1%。

表5-4　内生态度二级指标基本统计量信息

变量	分类	频率	百分比（%）	变量	分类	频率	百分比（%）
文化偏好	0	122	57.0	个人成就感	0	178	83.2
	1	92	43.0		1	36	16.8

续表

变量	分类	频率	百分比（%）	变量	分类	频率	百分比（%）
特殊区位偏好	0	161	75.2	乡土情结	0	141	65.9
	1	53	24.8		1	73	34.1

表5-5给出了外生态度各二级指标的基本统计量信息,样本企业认为原材料丰富程度、劳动力成本、土地成本、交通与物流成本、人力资本、信息与技术、基础设施与避免恶性竞争对企业迁移意愿产生影响的数量占比分别为41.1%、25.7%、39.7%、34.6%、25.2%、44.9%、24.8%与46.3%。

表5-5 外生态度二级指标基本统计量信息

变量	分类	频率	百分比（%）	变量	分类	频率	百分比（%）
原材料丰富程度	0	126	58.9	人力资本	0	160	74.8
	1	88	41.1		1	54	25.2
劳动力成本	0	159	74.3	信息与技术	0	118	55.1
	1	55	25.7		1	96	44.9
土地成本	0	129	60.3	基础设施	0	161	75.2
	1	85	39.7		1	53	24.8
交通与物流成本	0	140	65.4	避免恶性竞争	0	115	53.7
	1	74	34.6		1	99	46.3

表5-6给出了指令(政策)性规范各二级指标的基本统计量信息,样本企业认为行政效率、政府配套设施、信贷支持、土地优惠、税收优惠与环境管制、对企业迁移意愿产生影响的数量占比分别为75.2%、42.1%、39.3%、35.0%、22.0%和17.8%。

表5-6　指令（政策）性规范二级指标基本统计量信息

变量	分类	频率	百分比（%）	变量	分类	频率	百分比（%）
环境管制	0	176	82.2	信贷支持	0	130	60.7
	1	38	17.8		1	84	39.3
土地优惠	0	139	65.0	行政效率	0	53	24.8
	1	75	35.0		1	161	75.2
税收优惠	0	167	78.0	政府配套设施	0	124	57.9
	1	47	22.0		1	90	42.1

表5-7给出了示范性规范各二级指标的基本统计量信息,样本企业认为市场前景、市场开放程度、区域经济水平、公平竞争环境、产业配套与产业集群网络对企业迁移意愿产生影响的数量占比分别为53.7%、67.8%、68.2%、50.9%、32.7%与55.1%。

表5-7　示范性规范二级指标基本统计量信息

变量	分类	频率	百分比（%）	变量	分类	频率	百分比（%）
市场前景	0	99	46.3	公平竞争环境	0	105	49.1
	1	115	53.7		1	109	50.9
市场开放程度	0	69	32.2	产业配套	0	144	67.3
	1	145	67.8		1	70	32.7
区域经济水平	0	68	31.8	产业集群网络	0	96	44.9
	1	146	68.2		1	118	55.1

表5-8给出了企业家控制力各二级指标的基本统计量信息,样本企业认为企业空间扩张动力、业务调整能力、组织结构变更能力、提升企业知名度意愿、企业的运营能力成长性、员工追随企业可能性、对迁入地积极预期与对迁

企业迁移意愿与空间引导政策研究

出地消极预期对企业迁移意愿产生影响的数量占比分别为 45.3%、39.7%、
43.0%、19.2%、56.5%、25.7%、38.3% 与 33.2%。

表 5-8 企业家控制力二级指标基本统计量信息

变量	分类	频率	百分比（%）	变量	分类	频率	百分比（%）
企业空间扩张	0	117	54.7	企业运营能力成长性	0	93	43.5
	1	97	45.3		1	121	56.5
业务调整	0	129	60.3	员工追随企业可能性	0	159	74.3
	1	85	39.7		1	55	25.7
组织结构变更	0	122	57.0	对迁入地积极预期	0	132	61.7
	1	92	43.0		1	82	38.3
提升企业知名度	0	173	80.8	对迁出地消极预期	0	143	66.8
	1	41	19.2		1	71	33.2

表 5-9 给出了自我效能感各二级指标的基本统计量信息，样本企业认为
冒险精神与企业家精神对企业迁移意愿产生影响的数量占比分别为 45.8%
与 74.3%。

表 5-9 自我效能感二级指标基本统计量信息

变量	分类	频率	百分比（%）	变量	分类	频率	百分比（%）
冒险精神	0	116	54.2	企业家精神	0	55	25.7
	1	98	45.8		1	159	74.3

第四节 参数估计

选用 logistic 回归模型分析自变量和因变量之间的关系，企业迁移意愿与

行为为虚拟变量。首先,用内生态度、外生态度、指令(政策)性规范、示范性规范、企业家控制力、自我效能感这 6 个一级指标作为自变量,同时将企业年龄、企业规模作为控制变量、企业迁移意愿作为因变量一起做 logistic 回归,利用回归结果观测这 6 个一级指标对企业迁移意愿的影响,将其记为模型 1;其次,将迁移意愿纳入自变量,并将迁移行为纳入因变量,从而探究 6 个一级指标与迁移意愿对企业迁移行为的作用机制,记为模型 2;最后,探究 34 个二级指标对企业迁移意愿与企业迁移行为的影响,前者记为模型 3,后者将二级指标、企业迁移意愿与企业年龄、企业规模这两个控制变量作为自变量,将迁移行为作为因变量,记为模型 4。

Logistic 模型的表达式如下:

$$p_i = \frac{1}{1 + e^{-(\alpha + \beta x_i)}} = \frac{e^{(\alpha + \beta x_i)}}{1 + e^{(\alpha + \beta x_i)}}$$

其中,x_i 表示为自变量,α 表示为回归截距,β 表示为回归系数,因此 p_i 则是由解释变量 x_i 构成的非线性函数,表示第 i 个事件的发生概率。

此时事件不发生的概率可记为:

$$1 - p_i = \frac{1}{1 + e^{(\alpha + \beta x_i)}}$$

将事件发生概率与事件不发生概率相除可得到:

$$\frac{p_i}{1 - p_i} = e^{(\alpha + \beta x_i)}$$

这个比即为整个事件的发生比,可简称为 odds,在参数估计输出结果中以 Exp(B) 表示。显然 odds 是否大于 1 可以用作两种情形下发生概率大小的比较。

一、各指标对企业迁移意愿影响的参数估计

(一)一级指标对企业迁移意愿影响的参数估计

在模型 1 中,将企业规模和企业年龄作为控制变量,用内生态度、外生态

度、指令(政策)性规范、示范性规范、企业家控制力、自我效能感对迁移意愿
做回归,一级指标的回归参数估计结果见表5-10:

表5-10　企业迁移意愿参数估计结果

模型	变量	B	S.E	Wals	df	Sig.	Exp(B)
模型1	内生态度	−1.112	0.581	3.660	1	0.056	0.329
	外生态度	0.423	0.802	0.278	1	0.598	1.527
	指令(政策)性规范	1.779	0.695	6.557	1	0.010	5.922
	示范性规范	−0.914	0.698	1.717	1	0.190	0.401
	企业家控制力	−1.410	0.796	3.134	1	0.077	0.244
	自我效能感	0.878	0.439	4.008	1	0.045	2.407
	企业年龄	0.405	0.342	1.402	1	0.236	1.500
	企业规模	0.500	0.381	2.379	1	0.123	1.649
	常量	−0.604	0.572	1.117	1	0.291	0.547

将内生态度、外生态度、指令(政策)性规范、示范性规范、企业家控制力、
自我效能感、企业年龄与企业规模各因素分别记为 X_1、X_2、X_3、X_4、X_5、X_6、X_7、
X_8,企业迁移意愿用 y 表示,根据表6-10可以写出 logistic 回归模型如式(1)
所示:

$$\text{Logit}_1(y=1) = -0.604 - 1.112X_1 + 0.423X_2 + 1.779X_3 - 0.914X_4 -$$

$$1.41X_5 + 0.878X_6 + 0.405X_7 + 0.5X_8 \tag{1}$$

由公式(1)可知:在控制企业年龄与企业规模的情况下,模型1中的指令
性规范、自我效能感、内生态度与企业家控制力分别在1%、5%与10%的显著
性水平下显著,这说明企业家在产生迁移意愿的过程中,指令(政策)性规范、
自我效能感、内生态度与企业家控制力这四个综合性指标确实对企业家产生

迁移意愿产生了影响。

指令(政策)性规范与自我效能感对产生迁移意愿有促进作用,但自我效能感的作用力度小于指令性规范,二者使迁移意愿的形成概率分别增加2.4倍和5.9倍。

内生态度与企业家控制力是阻碍企业家产生迁移意愿的因素,对于内生态度来说,这可能是因为企业家具备较强的乡土根植情结,偏好原区位的文化习俗与风土人情,不愿意迁出原区位。

对企业家控制力来说,可能是因为企业的内部战略规划与迁移策略之间的冲突阻碍了企业家的迁移意愿的产生;也可能是企业员工追随企业的可能性低,增加了企业迁移的员工成本,导致企业意愿产生受阻;还可能是企业家在综合考量自身企业实力与现状后,对原区位发展前景与潜力进一步看好,从而阻碍了迁移意愿的产生。

外生态度与示范性规范未通过显著性检验,这可能是因为企业家在产生迁移意愿的过程中,更多地关注自身的想法、政府的政策与企业的战略计划,更细致的诸如劳动力成本、土地成本、产业配套与市场前景等指标尚未纳入企业家考量范围内。

(二)二级指标对企业迁移意愿影响的参数估计

表5-11给出了34个二级指标对企业迁移意愿回归的参数估计结果。其中,个人成就感、土地成本、信贷支持、区域经济水平、企业运营能力成长性在1%的显著性水平下通过了检验;劳动力成本、避免恶性竞争、企业空间扩张与提升企业知名度在5%的显著性水平下通过了检验;土地优惠在10%的显著性水平下通过了检验。其中促进企业产生迁移意愿的指标有土地成本、信贷支持与避免恶性竞争。其他因素则阻碍企业产生迁移意愿。

表 5-11 二级指标与企业迁移意愿参数估计结果

模型	变量	B	S.E	Wals	df	Sig.	Exp（B）
模型3	文化偏好	-0.470	0.557	0.712	1	0.399	0.625
	特殊区位偏好	-0.458	0.584	0.613	1	0.434	0.633
	个人成就感	-1.698	0.658	6.654	1	0.010	0.183
	乡土情结	0.097	0.513	0.036	1	0.850	1.101
	原材料丰富程度	0.006	0.474	0.000	1	0.990	1.006
	劳动力成本	-1.080	0.548	3.886	1	0.049	0.339
	土地成本	1.619	0.500	10.490	1	0.001	5.049
	交通与物流成本	-0.297	0.510	0.339	1	0.561	0.743
	人力资本	0.552	0.567	0.949	1	0.330	1.737
	信息与技术	-0.141	0.490	0.083	1	0.773	0.868
	基础设施	0.468	0.522	0.803	1	0.370	1.597
	避免恶性竞争	1.287	0.605	4.520	1	0.033	3.621
	环境管制	-0.528	0.585	0.815	1	0.367	0.590
	土地优惠	-0.983	0.559	3.093	1	0.079	0.374
	税收优惠	-0.087	0.555	0.024	1	0.876	0.917
	信贷支持	1.598	0.535	8.934	1	0.003	4.943
	行政效率	0.541	0.530	1.039	1	0.308	1.717
	政府配套服务	0.665	0.485	1.881	1	0.170	1.944
	市场前景	0.871	0.579	2.264	1	0.132	2.389
	市场开放程度	-0.817	0.500	2.673	1	0.102	0.442
	区域经济水平	-1.930	0.653	8.725	1	0.003	0.145
	公平竞争环境	-0.981	0.631	2.418	1	0.120	0.375
	产业配套	0.559	0.518	1.162	1	0.281	1.749
	产业集群网络	0.464	0.568	0.668	1	0.414	1.590
	企业空间扩张	-1.119	0.504	4.929	1	0.026	0.327
	业务调整	0.877	0.603	2.118	1	0.146	2.404
	组织结构变更	-0.153	0.441	0.121	1	0.728	0.858

模型	变量	B	S.E	Wals	df	Sig.	Exp(B)
模型3	提升企业知名度	-1.354	0.618	4.799	1	0.028	0.258
	企业运营能力成长性	-1.355	0.464	8.538	1	0.003	0.258
	员工追随企业可能性	-0.435	0.462	0.885	1	0.347	0.647
	对迁入地积极预期	1.074	0.969	1.229	1	0.268	2.926
	对迁出地消极预期	-0.952	0.968	0.967	1	0.325	0.386
	冒险精神	-.415	0.465	0.798	1	0.372	0.660
	企业家精神	0.889	0.567	2.456	1	0.117	2.433
	企业年龄	0.400	0.470	0.722	1	0.395	1.491
	企业规模	0.503	0.503	1.001	1	0.317	1.653
	常量	0.350	0.867	0.163	1	0.687	1.419

二、各指标对企业迁移行为影响的参数估计

模型2将模型1中的因变量企业迁移意愿纳入自变量,将企业迁移行为作为因变量做 logistic 回归,该模型主要探究迁移意愿与各一级指标对企业迁移行为是否发生的影响,对各一级指标进行回归参数估计结果如表5-12所示:

表5-12　企业迁移行为参数估计结果

模型	变量	B	S.E	Wals	df	Sig.	Exp(B)
模型2	内生态度	-0.663	0.611	1.179	1	0.278	0.515
	外生态度	-2.090	0.922	5.134	1	0.023	0.124
	指令性规范	2.814	0.812	12.012	1	0.001	16.677
	示范性规范	-1.594	0.755	4.454	1	0.035	0.203
	企业家控制力	3.781	0.934	16.387	1	0.000	43.838

续表

模型	变量	B	S.E	Wals	df	Sig.	Exp(B)
模型2	自我效能感	1.239	0.472	6.893	1	0.009	3.451
	企业年龄	-0.774	0.376	4.243	1	0.039	0.461
	企业规模	-0.165	0.347	0.226	1	0.634	0.848
	迁移意愿	0.837	0.335	6.225	1	0.013	2.309
	常量	-2.106	0.655	10.340	1	0.001	0.122

将迁移意愿记为X_9,企业迁移行为记为y,根据表5-11可以写出logistic回归模型如式(2)所示:

$$\text{Logit}_2(y=1) = -2.106 - 0.663X_1 - 2.09X_2 + 2.814X_3 - 1.594X_4 + 3.781X_5 +$$
$$1.239X_6 - 0.774X_7 - 0.165X_8 + 0.837X_9 \tag{2}$$

由表5-11可知,除内生态度外,其余一级指标均在5%的显著性水平下通过了检验,这说明这5个综合性指标与迁移意愿对企业迁移行为有明显影响,其中指令性规范、企业家控制力、自我效能感与企业迁移意愿促进企业行为的产生,对企业行为产生影响程度以企业家控制力为最,其次是指令性规范、自我效能感与迁移意愿,它们分别会使企业行为发生的概率增加约为43.8倍、16.7倍、3.5倍与2.3倍。

研究发现,在迁移意愿的形成中,企业家控制力阻碍意愿的产生,但在迁移行为的产生中,其起到了完全相反的作用,这可能是因为在迁移意愿形成后,企业家根据自身经营状况与所处经济环境,将迁移纳入了战略计划中,且对目标迁出地有了较积极的预期,从而进一步推动了行为发生的可能性。

指令性规范对迁移意愿与行为的产生均起到促进作用,一方面这证明了政策因素对于企业迁移决策的重要性程度,另一方面这也验证了政府通过区域和产业政策引导企业在区域间进行迁移的可行性。

自我效能感是企业家的自信程度与进取精神,它不仅对于企业迁移意愿有很强的正向作用,对迁移行为的产生亦是如此。

外生态度与示范性规范一样,对迁移意愿的产生不起作用,但却显著影响迁移行为的产生,且均起到了阻碍作用。这表明企业在产生了迁移意愿后,开始关注更细致的经济类指标,由于企业在原区位扎根已久,故而对原区位的经济环境、市场、竞争对手与合作伙伴的熟悉程度远超其他区位,且企业的社会网络体系在原区位已经相当成熟,这些因素都阻碍着企业家做出迁移行为。如计划行为理论所阐述的那样,意愿确实是显著促进迁移行为产生的要素之一,这在企业迁移活动中也得到了验证。

内生态度指标未通过模型 2 的显著性检验,这可能是因为企业家作为一个理性人,他更侧重于那些能令自己企业发展壮大的经济类指标,而诸如乡土情结、文化偏好等能显著影响迁移意愿的情感指标,它们的优先级在企业家作决策时便处于比较低的级别,不能对行为的产生造成明显影响。

在两个控制变量中,企业年龄在 5% 的显著性水平下显著,且企业年龄的增加会降低迁移行为发生的可能性。

第五节　模型检验与预测

为验证各模型的可行性与准确性,对 4 个模型进行了 5 个方面的检验。

一、模型系数整体显著性检验

表5-13 给出了 4 个模型的系数综合检验情况,包括卡方值及其对应的自由度、Sig 值,可以发现各模型 Sig 值均小于 0.05 的显著性水平,证明所有模型估计参数整体均显著。

表 5-13 模型系数的综合检验

模型		卡方	df	Sig.
模型 1	步骤	23.457	8	0.003
	块	23.457	8	0.003
	模型	23.457	8	0.003
模型 2	步骤	54.112	9	0.000
	块	54.112	9	0.000
	模型	54.112	9	0.000
模型 3	步骤	107.995	36	0.000
	块	107.995	36	0.000
	模型	107.995	36	0.000
模型 4	步骤	142.579	37	0.000
	块	142.579	37	0.000
	模型	142.579	37	0.000

二、模型适宜性检验

表 5-14 给出了 4 个模型的 Hosmer 和 Lemeshow 检验结果,该检验用于测量模型是否适合做 logistic 回归。在自变量个数较多或是自变量中包含连续性变量时可用此种检验方式。检验原理如下:第一步是将样本数据依据预测概率分为 10 组,第二步是根据期望频数和观测频数构造 χ^2 统计量,最后根据所得 χ^2 分布(自由度为 8)计算出相应的统计值,并以此为基础检验模型可靠程度。具体计算公式如下:

$$H-L = \sum_{g=1}^{G} \frac{y_g - n_g \hat{p}_g}{n_g \hat{p}_g (1 - \hat{p}_g)}$$

该公式中,G 表示分组个数数,且 $G \leqslant 10$;y_g 代表第 g 组事件中观测到的数量;n_g 表示第 g 组中案例数的个数;$n_g \hat{p}_g$ 则为事件总预测数;$\hat{p}_g$ 为

第 g 组的预测事件概率。如果模型拟合效果好,模型 Sig 会大于 0.05。4 个模型 Sig 值均大于 0.05,说明 4 个模型都拟合良好,适合做 logistic 回归。

表 5-14 模型 Hosmer 和 Lemeshow 检验

模型	卡方	df	Sig.
模型 1	12.865	8	0.117
模型 2	8.895	8	0.351
模型 3	4.695	8	0.790
模型 4	8.313	8	0.404

三、模型多重共线性检验

本书采用方差膨胀因子 VIF 与容差 TOL 统计量对模型进行多重共线性检验,具体公式如下:

$$\text{VIF}_j = \frac{1}{(1 - R_j^2)} \qquad \text{TOL}_j = \frac{1}{\text{VIF}_j} = 1 - R_j^2$$

在方差膨胀因子 VIF 的计算中,R_j^2 代表 X_j 对其余 $k-2$ 各回归元的(辅助)回归中的判定系数,在 X_j 与其他回归元的共线性增加过程中,即随着 R_j^2 数值越趋近于 1,VIF 的大小也会随之增加(其极限为无穷大)。我们通常认为,当 VIF>10 或是对应的容差值接近于 0 时,多重共线性问题表现为一个严重问题,除此之外,则不认为模型中存在严重多重共线问题。

表 5-15 至表 5-18 给出了各模型的共线性检验结果,可以发现各模型下各标量 VIF 值均小于 10,同时容差均远大于 0,该模型并不存在严重的多重共线性问题。

表 5-15 模型 1 共线性检验结果

模型	变量	共线性统计量	
		容差	VIF
模型 1	内生态度	0.709	1.411
	外生态度	0.772	1.295
	指令(政策)性规范	0.708	1.411
	示范性规范	0.646	1.548
	企业家控制力	0.817	1.225
	自我效能感	0.863	1.158
	企业年龄	0.933	1.071
	企业规模	0.883	1.133

表 5-16 模型 2 共线性检验结果

模型	变量	共线性统计量	
		容差	VIF
模型 2	内生态度	0.697	1.436
	外生态度	0.771	1.296
	指令(政策)性规范	0.686	1.458
	示范性规范	0.641	1.561
	企业家控制力	0.804	1.243
	自我效能感	0.847	1.180
	企业年龄	0.927	1.078
	企业规模	0.873	1.146
	迁移意愿	0.896	1.116

表 5-17 模型 3 共线性检验结果

模型	变量	共线性统计量	
		容差	VIF
模型 3	文化偏好	0.469	2.131
	特殊区位偏好	0.530	1.887
	个人成就感	0.658	1.519
	乡土情结	0.548	1.823
	原材料丰富程度	0.605	1.652
	劳动力成本	0.666	1.502
	土地成本	0.585	1.709
	交通与物流成本	0.562	1.780
	人力资本	0.576	1.737
	信息与技术	0.591	1.692
	基础设施	0.608	1.644
	避免恶性竞争	0.424	2.358
	环境管制	0.611	1.636
	土地优惠	0.487	2.053
	税收优惠	0.605	1.653
	信贷支持	0.534	1.872
	行政效率	0.627	1.596
	政府配套服务	0.618	1.617
	市场前景	0.436	2.292
	市场开放程度	0.617	1.621
	区域经济水平	0.366	2.732
	公平竞争环境	0.369	2.712
	产业配套	0.614	1.628

续表

模型	变量	共线性统计量	
		容差	VIF
模型3	产业集群网络	0.480	2.085
	企业空间扩张	0.648	1.544
	业务调整	0.428	2.336
	组织结构变更	0.679	1.473
	提升企业知名度	0.571	1.753
	企业运营能力成长性	0.653	1.532
	员工追随企业可能性	0.789	1.267
	对迁入地积极预期	0.154	6.485
	对迁出地消极预期	0.162	6.189
	冒险精神	0.588	1.700
	企业家精神	0.560	1.786
	企业年龄	0.786	1.273
	企业规模	0.671	1.491

表5-18　模型4共线性检验结果

模型	变量	共线性统计量	
		容差	VIF
模型4	文化偏好	0.467	2.139
	特殊区位偏好	0.529	1.890
	个人成就感	0.640	1.563
	乡土情结	0.548	1.824
	原材料丰富程度	0.605	1.653
	劳动力成本	0.658	1.520
	土地成本	0.554	1.804
	交通与物流成本	0.560	1.785

续表

模型	变量	共线性统计量	
		容差	VIF
模型4	人力资本	0.573	1.745
	信息与技术	0.591	1.692
	基础设施	0.608	1.646
	避免恶性竞争	0.415	2.411
	环境管制	0.608	1.646
	土地优惠	0.482	2.077
	税收优惠	0.605	1.654
	信贷支持	0.510	1.962
	行政效率	0.624	1.601
	政府配套服务	0.610	1.639
	市场前景	0.429	2.331
	市场开放程度	0.609	1.642
	区域经济水平	0.347	2.882
模型4	公平竞争环境	0.365	2.739
	产业配套	0.608	1.646
	产业集群网络	0.479	2.087
	企业空间扩张	0.635	1.576
	业务调整	0.424	2.360
	组织结构变更	0.678	1.474
	提升企业知名度	0.554	1.804
	企业运营能力成长性	0.625	1.599
	员工追随企业可能性	0.787	1.270
	对迁入地积极预期	0.153	6.533
	对迁出地消极预期	0.160	6.235
	冒险精神	0.584	1.713
	企业家精神	0.549	1.822
	迁移意愿	0.592	1.688
	企业年龄	0.782	1.279
	企业规模	0.668	1.497

四、模型拟合情况分析

（一）-2 对数似然值（- 2LL）

对数似然值的取值范围一般在 0—1 之间，其值越大表明该模型具有越好的拟合程度，具体计算公式如下：

$$- 2LL = - 2\ln L = - 2\sum_{i=1}^{n} [y_i(\beta_0 + \beta_1 x_{i1} + L + \beta_k x_{kp}) - \ln(1 + 1^{(\beta_0 + \beta_1 x_{i1} + L + \beta_k x_{kp})})]$$

（二）Cox 和 Snell 的 R^2

该 R^2 是在似然值的基础上，利用模仿线性回归模型 R^2 的方式解释 Logit 回归模型拟合情况，具体计算公式如下：

$$R_{CS}^2 = 1 - \left[\frac{l(0)}{l(\beta)} \right]^2$$

在该方法中，$l(0)$ 与 $l(\beta)$ 分别表示为初始模型与当前模型的似然值，R^2 越接近 1 说明模型拟合程度越高。

（三）Nagelkerke 的 R^2

在 Cox 和 Snell 的 R^2 的基础上进行进一步调整可得到 Nagelkerke 的，该 R^2 取值范围在 0—1 之间，具体计算公式如下：

$$R_N^2 = \frac{R_{CS}^2}{\max(R_{CS}^2)}$$

在该计算方式中，$\max(R_{CS}^2) = 1 - [l(0)]$，$R^2$ 越接近 1 说明模型拟合程度越高。

表 5-19 给出了各模型各项指标的值，我们可以发现各模型整体拟合较好，但模型 2 优于模型 1，模型 4 优于模型 3，这说明将行为作为因变量，意愿作为自变量时，模型拟合程度更优，更具有解释力。此外，企业迁移行为作为

自变量时,模型拟合程度优于企业迁移意愿作为自变量的情况。

表 5-19　模型整体拟合检验

模型	−2 对数似然值	Cox & Snell R²	Nagelkerke R²
模型 1	272.911a	0.104	0.138
模型 2	241.040a	0.223	0.299
模型 3	188.373a	0.396	0.529
模型 4	152.572a	0.486	0.650

五、模型预测情况分析

对因变量结局预测的准确程度在某种程度上也能反映模型的效果。表5-20 给出了 4 个模型的预测情况,其中模型 1 对无迁移意愿的预测准确率为67.6%,对有迁移意愿的预测准确率为 52.4%,而在模型 3 中,这两项的值分别为 82.9% 与 76.7%,故而模型 3 对迁移意愿的预测优于模型 1;在对迁移行为的预测中,模型 2 对无迁移行为的预测准确率为 72.4%,对有迁移行为的预测准确率为 68.4%,而在模型 4 中,这两项的值分别为 85.3% 与 80.6%,故而模型 4 对迁移行为的预测准确率优于模型 2。

表 5-20　模型预测情况

已观测		已预测		百分比校正(%)
		0	1	
模型 1—迁移意愿	0	75	36	67.6
	1	49	54	52.4
模型 2—迁移行为	0	84	32	72.4
	1	31	67	68.4
模型 3—迁移意愿	0	92	19	82.9
	1	24	79	76.7

已观测		已预测		百分比校正(%)
		0	**1**	
模型4—迁移行为	0	99	17	85.3
	1	19	79	80.6

第六节　结论与启示

　　企业迁移行为不仅是产业结构转变、实现区域间协调发展的微观载体,同时也是企业扩张壮大的战略方向。本书通过访谈与调研的方式,建立了基于计划行为理论的分析模型,得到以下研究结论:

　　(1)计划行为理论对企业迁移意愿与行为的产生过程具有较好的解释力,为企业迁移提供了良好的研究视角。

　　(2)在企业迁移意愿的形成过程中,内生态度与企业家控制力阻碍迁移意愿的产生,指令性规范与自我效能感显著促进迁移意愿的产生,而外生态度与示范性规范对企业迁移意愿的产生不产生明显作用。表明迁移意愿的形成主要受政府政策、企业战略和企业家情感等因素影响,而经济类因素对其产生作用不明显。

　　(3)在企业迁移行为的形成过程中,内生态度不再起到明显作用,指令性规范与自我效能感仍起到显著促进作用;企业家控制力作用发生反转,从阻碍意愿的形成因素转变为对迁移行为产生最具有影响力的因素;而对迁移意愿作用不明显的外生态度与示范性规范同时阻碍迁移行为的发生,且阻碍程度前者略大于后者。结论表明了在迁移行为的产生过程中,内生态度这类情感因素权重下降,经济类因素地位提高;而政策类因素与企业家自身特质类因素作用效果不变,但作用力度显著增强;企业战略类因素作用效果出现颠倒,作用力度也大幅提高。

（4）正如计划行为理论证实的那样，企业迁移意愿能在较大程度上促成企业迁移行为的发生，该因素被选择时企业迁移行为发生的概率是未被选择时的 2.3 倍；影响迁移意愿的部分因素在迁移行为的产生过程中作用效果发生突变，作用力度也大幅改动；企业迁移意愿与行为的不同之处在于后者往往需要更理性的分析，因此情感因素对前者作用更突出而经济因素则恰好相反，这也正是迁移意愿与行为出现背离现象的缘由；作为控制变量之一的企业年龄显著阻碍迁移行为的发生，这与国内外一些学者的研究结果基本相吻合。

鉴于以上结论，提出如下对策建议：

（1）政府在引导企业迁移的过程中，首先，需要促进企业迁移意愿的形成。在这个阶段，应将着力点放在企业家情感、企业战略与政府政策上。从企业家情感来看，不管是希望留住本地优质企业的迁出地政府，还是需要引进外地优质企业的迁入地政府，均可以利用多种途径与手段，培养企业家的区域融入感、归属感与认同感；其次，政府应对行业龙头企业进行表彰与奖励，提升企业家个人成就感，形成示范效应，带动业内其他企业迁入；最后，由于地区间信息的不对称以及各地区域政策的不完全透明化，企业往往只能在有限的选择中制定次优战略，从而放弃迁移行为，因此，各地政府可以通过搭建网络平台的方式，利用互联网、大数据等手段将地区政策、基础设施建设情况与市场行情等地域性的信息数字化、网络化，降低企业获取信息的成本，减少企业因信息不对称而放弃迁移行为的可能性，实现企业资源在全国范围内的有效流动。

（2）迁移意愿只是迁移行为产生的先决条件之一，各地政府吸引外地优质企业或留住本地龙头企业的重心仍应放在自身经济实力的提升、经济环境的改善以及政策优惠力度的加强上。各地政府需要将自身区位优势最大化，在基础设施建设的投入上加大政策与资金扶持力度，加强产业配套设施与政府服务的配套，提高政府行政效率，营造公平竞争环境，打破各区域间的贸易壁垒，提高市场开放程度，抵制恶性竞争的发生，从各方面降低企业的运营成本;在优惠政策上,政府应在采取普适性政策的基础上,针对不同行业、不同年龄、不同规模的企业制定不同的特殊性优惠政策,提高企业迁移的积极性;此外,由于企业在原区位已经建立了相对成熟的供销网络链条以及人际关系网络,沉没成本较高,并且企业迁移行为将会面临许多未知的风险,从而导致迁移动力在一定程度上会受到削弱。因此,政府需要培养企业家勇于开拓、不断创新的意识与一定的冒险欲望,从而推动企业迁移意愿的产生与行为的发生。

　　本章基于计划行为理论,构建了一个全新的理论框架用以分析企业迁移意愿与行为,用心理学、社会学的理论解释了企业迁移这个经济学问题,并利用调研数据实证分析了意愿与行为产生的过程与逻辑结构,为政府合理引导企业迁移,实现产业结构转移、区域协调发展提供了理论与数据支撑。

第六章　企业迁移的目标
区位与时机选择

　　企业迁移是一个复杂的动态过程。企业在作出迁移决策的同时,需要在多个待迁区位与迁移时机上进行抉择。本章首先对迁移经验、信息与风险感知对迁移的影响进行理论分析,然后分析企业迁移的区位选择,最后分析企业迁移的时机问题。

第一节　经验、信息、风险与企业迁移

一、迁移经验与企业迁移

　　随着计划行为理论的不断完善,Bamberg 等(2003)认为需要新增一些变量来提高模型的解释力[①]。Conner 和 Armitage(1998)研究发现行为经验与行为意愿以及行为有着直接关系[②]。企业家在作迁移决策时,往往会考虑自己

---

① Bamberg S, Ajzen I, Schmidt P, "Choice of Travel Mode in the Theory of Planned Behavior: The Roles of Past Behavior, Habit, and Reasoned Action", *Basic and Applied Social Psychology*, Vol. 25 (3), 2003, pp. 175-187.

② Conner M, Armitage C J, "Extending the Theory of Planned Behavior: A Review and Avenues for Further Research", *Journal of Applied Social Psychology*, Vol. 28(15), 1998, pp. 1429-1464.

过去的迁移绩效与方式。过去的迁移经验不仅会影响企业家内生态度、示范性规范,更对控制力有极大的冲击。即使企业家从未有过迁移经验,同行企业的迁移经验同样具有示范性效果,此时行为经验与示范性规范极其类似。因此,企业迁移需要考虑过去的迁移经验,将迁移经验纳入模型,改进后的模型如图 6-1 所示:

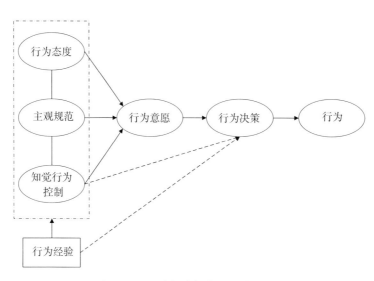

图 6-1　迁移经验与企业迁移行为

二、信息生态与企业迁移

新古典区位理论与行为区位理论的一个根本对立点在于它们对信息的认知上,前者认为决策者是完全理性的,他们往往能获得充分的信息,而后者却认为现实情况并不会如此理想,信息是不完全的。然而,信息作为一种战略性资源,其在经济活动中的作用日益增强,自 20 世纪 80 年代以来,信息生态学理论被广泛应用于多种学科之中,它要求信息人利用快速发展的信息科技,多途径获取相关各类信息资源,在信息生态的大环境下,积极适应和协调,例如应用先进的信息技术主动了解信息制度,用以提升信息获取能力。

以信息生态为视角,不仅更贴近现实社会,也有助于决策者更全面地看待迁移行为。信息是企业迁移意愿生成的关键要素之一,它考量的是企业家对信息价值的挖掘程度,是其对外部环境与自身能力的感知能力,对决策者的行为态度、主观规范以及知觉行为控制都有重要的影响。

行为态度包括内生态度与外生态度,企业家掌握信息的能力越强,其感应到的外界刺激越清晰,对企业自身所处的外界环境越明了,越有可能推动其进行迁移行为,以谋求更好的发展空间。

主观规范中的示范性规范主要来源于同行的压力,企业家获取信息能力越强,感应到的来自于同行的压力越大,迁移意愿越强烈。

知觉行为控制表示企业家对于迁移行为难易程度的把握,其拥有的信息越充足,处理信息的能力越强,对于迁移过程的掌握则越精细,迁移行为的产生概率越大。

三、风险感知与企业迁移

风险作为一种不确定性,在经济生活中无处不在。根据风险知觉的具体内容,可以将风险知觉分为多种不同维度,Littler 和 Melanthiou(2006)将风险知觉维度划分为:时间风险、心理风险、财务风险、性能风险、社会风险和安全性[1](图 6-2)。

在企业迁移行为中合理考量风险可能带来的损失是企业家必须要进行的步骤,知觉风险用不确定性与结果损失的乘积来衡量。计算公式为:

$$PR = \sum_{i=1}^{N} (LP_i \times LD_i)$$

其中,PR 表示的是知觉风险;LP_i 表示的是迁移发生 i 损失的可能性;LD_i

---

① Littler D, Melanthiou D, "Consumer Perceptions of Risk and Uncertainty and the Implications for Behaviour Towards Innovative Retail Services: The Case of Internet Banking", *Journal of Retailing & Consumer Services*, Vol. 13(6), 2006, pp. 431–443.

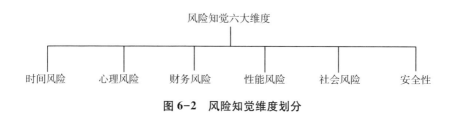

图 6-2 风险知觉维度划分

表示迁移发生 i 损失的严重性；N 表示知觉风险的总类。

与信息生态视角类似，风险也应放在迁移行为全程进行考量（图 6-3）：

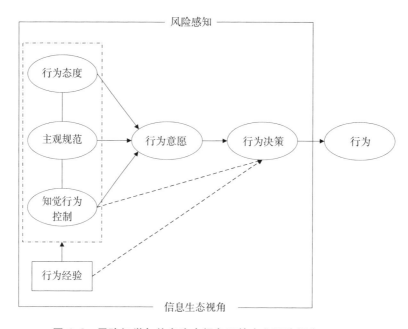

图 6-3 风险知觉与信息生态视角下的企业迁移行为

四、经验、信息、风险影响下的企业迁移决策

企业迁移影响因素是导致企业家产生行为意愿、作出行为决策与行为的最根本原因，然而这些影响因素在 TPB 模型下并不是一对一的对应关系。例如人力成本、土地成本等经济因素往往会同时影响到行为态度、主观规范与知觉行为控制三者，因此这三者之间也存在一定的交互影响，因此最终的模型如

图6-4所示：

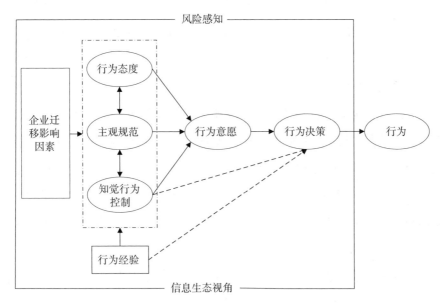

图6-4　企业迁移行为决策模型——基于 TPB 模型

第二节　企业迁移的目标区位选择

　　企业迁移是企业区位的再选择过程。企业在进行区位选择时，目标区位往往并不是一个。对不同区位进行综合评判，寻找最优区位，是企业迁移决策的重要方面。

一、企业迁移目标区位决策模型构建

　　由于企业迁移决策受到复杂多样的因素影响，并且部分因素难以直接量化，因此，借助于"满意"指标值，对抽象指标进行满意度标度，赋予其具体的"量"，建立科学合理的评级体系。在此基础上结合实际经验评价指标，以此为决策活动奠定数据基础。

（一）企业迁移目标区位决策模型构建方法

为达到有效决策的目标,本书结合层次分析法和模糊综合评价法,尝试构建企业迁移目标区位决策模型。

1.层次分析法

层次分析法(AHP)由 T.L.Saaty 提出,该方法结合了定性和定量分析,属于一种决策分析法[①]。AHP 是在决策者掌握问题本质、涵盖的要素以及彼此关系的前提下,把抽象的思维以数学和系统的方式显现出来,减少随机因素的出现,由此提高决策者抉择的正确性。通过运用该方法,可以使难以量化的问题得到一个相对满意的结果。基于 AHP 的特性,在解决含有多种因素的复杂问题时,都会运用该方法。

该方法的原理是对复杂问题进行细分,得到多个因素,随后将这些因素根据相应的关系排列成具有递阶关系的结构,随后将各因素进行两两对比,以此得到每个因素的重要程度,最终根据目标决策确定因素的排序。具体建模流程为:构建递阶层次的结构;判断矩阵;层次单排和一致性检验;层次总排和一致性检验。如果把评价指标作为 AHP 的备选方案,运用 AHP 对问题分层建模并根据专家对此模型的决策数据进行计算,得出备选方案也就是各个评价指标的排序权重。这样就解决了 FCE 中复杂评价指标权重确定的问题。

2.模糊综合评价法

模糊综合评价法(FCE)由 Zadeh 提出。整体来讲,FCE 实质上就是运用模糊数学对影响因素的事物进行整体评价。基于系统描述出现诸多抽象的概念,该方法运用模糊数学模拟人的思维过程,构建模糊集合理论的评价,将抽象的评价事物转化为具体的数字,从而实现由定性向定量评价的转变。鉴于评价对象的复杂性以及主观判断的模糊性,实际应用中会导致分析结果出现

---

① Saaty T.L. , *The Analytic Hierarchy Process:Planning , Priority Setting , Resource Allocation* , New York:MeGraw-Hill,1980.

一定的偏差。因此,只有将 AHP 和 FCE 两种方法的特性有效结合起来,才能挖掘事物的潜在内涵,客观反映事实,得出准确结论。

(二)基于层次分析法的企业迁移模糊综合评判决策模型的建立

依据上述分析,对迁移目标区位决策进行假设:

H1:决策是理性的,迁移活动的核心目标在于利润最大化;

H2:制定决策时处于信息对称状态,能够有效把控所有变量因素;

H3:在一定区域范围内对目标迁入地进行选择。

在以上假设均成立的前提下,确定各指标权重,并对目标区位进行模糊综合评价。

1.层次分析法确定各指标权重

(1)建立企业迁移目标区位决策的递阶层次结构模型

根据企业迁移期望达到的目的,将决策的整体内容细分为多个部分,并一一罗列出来,进而量化为相应的指标。将企业迁移目标区位决策作为层次分析的目标层(U),政策因素、经济因素、战略因素与情感因素作为准则层(U_i),环境管制、行政效率、土地优惠等影响因素作为指标层(U_{ij}),随后根据各指标彼此之间的关联,构建企业迁移目标区位决策的递阶层次结构的模型。

(2)构造两两判断矩阵

建模之后,虽然可根据模型中的结构直观地看出各因素彼此之间蕴含的关系,但各因素对目标发挥的作用程度存在一定差异,各个企业面临的实际情况也各有不同。因此,运用专家打分法对每一层的结构进行对比,并依据相应的衡量指标判断量化,最后得出两两比较判断矩阵。

借鉴层次分析法的创建人 Saaty 的研究,利用数字作为标度将元素重要性直观地表现出来,如表 6-1 所示。若变量数量为 n ,则可得矩阵 A;$A = (a_{ij})_{n×n}$ 。

表 6-1　相对重要性标度①

标度	含义
1	因素 i 和 j 一样重要
3	因素 i 比 j 稍微重要
5	因素 i 比 j 明显重要
7	因素 i 比 j 强烈重要
9	因素 i 比 j 极端重要
2,4,6,8	上述判断的中间值
倒数	因素 i 与 j 比较的判断为 a_{ij} ,则因素 j 与 i 比较的判断为 $1/a_{ij}$

在此基础上,聘请企业负责人、管理层及相关领域专家共同进行指标估计。通常来讲,判断矩阵的估计将对决策质量产生直接影响。因此,选择数量、结构合理的企业家及专家群体对提升迁移决策质量尤为关键。

(3)进行层次单排序

以基准层为基础,计算 U_1 , U_2 ,…, U_n 这部分元素的排序权重,得到判断矩阵 P 的最大特征根 λ_{max} ,同时满足公式: $PW = \lambda_{max} W$ 。其中 W 为 λ_{max} 对应的特征向量,而分量 W_i ($i = 1,2,…,n$) 则分别表示元素 U_1 , U_2 ,…, U_n 在准则 U 下单排序下的权重。

(4)计算相对权重

运用特征向量法,对相同层次指标相对上层次指标的权重进行计算,在计算特征向量 W 时,可使用的方法有"和积法""方根法"等。

(5)一致性检验

计算得到的判断矩阵可能存在不一致的情况,主要原因是参与估计活动的专家具备的知识体系和经验是不相同的。在此情况下,AHP 难以充分发挥效果。因此,需要对层次排序进行一致性检验。具体步骤如下:

---

① 许树柏:《层次分析法原理》,天津大学出版社 1988 年版。

对于 N 阶判断矩阵来讲,最大的特征根为单根,满足 $\lambda_{max} \geq n$。

当 $\lambda_{max} = n$,其余特征根为 0,U 具备完全一致性;当 λ_{max} 大于 n,其余特征根接近 0,U 具备满意一致性。

此外,在检验矩阵一致性时,可套用公示对一致性指标进行计算: $CI = (\lambda_{max} - 1)/(n - 1)$

当 $n > 2$ 时,可利用公式 $CR = CI/RI$ 对判断矩阵的随机一致性比例进行计算。这里,CR 表示判断矩阵的随机一致性指标,RI 表示判断矩阵的平均随机一致性指标。

$$CR = \frac{CI}{RI} = \begin{cases} = 0 & \text{矩阵具有完成一致性} \\ < 0.1 & \text{矩阵具有满意一致性} \\ \geq 0.1 & \text{矩阵不具有一致性} \end{cases}$$

当 CR 小于 0.1 时,则表示判断矩阵具备满意一致性,其对应的特征向量各分量即各指标权重。若数值大于等于 0.1,则表示矩阵存在一定偏差,应当对其进行修正,直到数值小于 0.1 为止。

2. 企业迁移目标区位决策模糊综合评价

在 AHP 得出结果之后,运用模糊综合评价法继续进行计算,具体流程如下;

(1)建立评语集

为了能够对最终的结论进行区分,需要运用评语等级将抽象的评价量化为直观的语言显现出来。因此,根据每一个因素指标的具体情况,将其转化为五个级别进行评价,具体转化为 V = {V1,V2,V3,V4,V5} = {很好,好,中等,差,很差}。

(2)建立模糊关系矩阵 R,进行单因素评价

构建等级模糊子集之后,对每一个备选区位中囊括的每一个影响因素执行量化操作,即以单因素的层面出发,确定每一个区位对各级模糊子集的隶属度 ($R|U_{ij}$),最终可得模糊关系矩阵 R。在建模的整个流程中,最为重要的

部分就是确定隶属度,然而,该项操作尚未确定一个统一方法。因为诸多定性指标都会对迁移决策产生不同程度的影响,基于此,针对此类指标的特性,主要是运用逐级估量法或者模糊统计方法确定隶属关系。其中,模糊统计法主要是在将参与评价活动的众多专家根据设置的评定标准,结合各项指标的具体特性,为其划分相应的等级,随后根据统计各评价因素等级 V_i 的频数 m_{ij},得到 $r_{ij} = m_{ij}/n$,对隶属度进行计算。其中,n 代表专家数量。

$$R = \begin{bmatrix} r_{11} & r_{12} & \cdots & r_{1m} \\ r_{21} & r_{22} & \cdots & r_{2m} \\ \cdots & \cdots & \cdots & \cdots \\ r_{n1} & r_{n2} & \cdots & r_{nm} \end{bmatrix}$$

把指标层中各个因素的模糊评价矩阵 R,与此部分指标相对各个因素的权重进行相乘,得到因素的评价 B_{ij},即 $B_{ij} = W_{ij} \times R_{ij}$,得到的结果为准则层各因素相对于评语集的隶属度。

(3)综合评价,得到最终结果

多次进行上述步骤,并针对各层因素执行模糊综合评价,得到综合评价向量,进而与前文中得到的评价等级量化向量相乘,对模糊评价向量执行综合分析操作,得出最终结果 B。最终结果为代数值,代表在迁移决策中各个备选区位的评分,分值越高,则代表区位越好,企业可根据分值更好地的进行迁移决策活动。由此得到的企业迁移决策模型为 $B = W \times R \times V$。

对此决策模型进行拓展,可以基于该模型的层次分析和模糊评价思想,构建迁移决策指标体系,确定其权重,并借助生命周期理论对企业在发展、成长、成熟及衰退期的表现进行评估,以达到企业迁移目标时机决策的目的。

二、企业迁移目标区位选择的案例研究

选取贵州 D 生态农牧科技有限责任公司为案例进行迁移目标区位选择的应用研究。

（一）贵州 D 生态农牧科技有限责任公司的基本情况

贵州 D 生态农牧科技有限责任公司创建于 2010 年,是集现代农业示范推广、农业高新技术推广及应用、生态畜牧业及良繁体系培育、有机肥的研发及推广、生态环境保护与综合治理、土地复垦与整理、新农村建设规划设计、立体循环农业投资等于一体的综合型农牧循环民营企业。公司注册资金 1000 万元,主要经营有机无机肥生产、绿色蔬菜生产、畜牧繁育和饲料加工等。公司拥有 1000 亩的蔬菜基地,在沿河县投资 1000 多万元规划建设一个占地 40 亩、年产 20000 吨的生物有机肥厂。目前产品有有机肥、生物有机肥和微生物复混肥等。

2014 年末公司资产总值 5000 万元,其中:固定资产 4200 万元、在建工程 400 万元、流动资产 400 万元。现有员工 120 人,其中:具有大专以上学历的工程技术人员 7 人、技师和高级技术工人 15 人。

公司是贵州省"农业产业化经营省级重点龙头企业",获"全国农科教推农化服务体系建设优秀单位"荣誉称号,公司生产的有机肥被国际绿色产业协会认定为"中国绿色无公害环保型肥料""无公害农产品专用肥料""政府(集团采购)重点推荐产品"。

随着公司产值的提升,且在当地形成了较有规模的产业集群,考虑到产能扩张及未来扩大市场份额的需求,企业形成了生产基地迁移的主观意愿。

（二）企业迁移待选区位分析

通过公司内部决策人员的讨论,确定有三个待选区位,一是在原区位铜仁市沿河县扩大生产规模,代号为 0;二是在贵州省瓮安经济开发区建立新厂,代号为 1;三是在贵阳建立新厂,代号为 2。企业作出迁移决策前,需要对三个区位的条件进行具体的分析。

区位 0:铜仁市沿河县

（1）相对比较优势

区位优势。沿河土家族自治县位于铜仁市西北部、贵州省东北部,处于贵州、重庆、湖南、湖北四省(市)边区接合部,且处于乌江中下游,"黔东北门户、乌江要津"之称凸显了其物资集散地的重要地位。

生态条件优越。沿河位于中亚热带季风气候区,年均气温达 13—18℃,年降水量达 1050—1220 毫米,年日照达 1100—1400 小时。气候温暖湿润,水热同期,光温同步,良好的气候条件适宜动植物、微生物等多种生物的生长、发育和繁衍。自然环境条件适合发展特色农业。

产业政策支持。近年来,沿河县坚守发展和生态两条底线,牢牢树立"大生态"发展理念,把经济发展融入生态文明先行先试示范区建设,着力提升"大健康、大旅游、大服务、大能源"四大产业,形成多元发展的产业格局。由此,县域经济呈现出发展速度加快、产业结构优化、总体效益提高的良好态势。

（2）相对劣势

经济水平低。沿河县是铜仁市贫困程度最深的一个农业大县,2015 年全县财政总收入仅占全省的 0.33%,全市的 7.95%;农村居民人均可支配收入6622 元,比全省少 711 元、比全市少 340 元。农村贫困面大,贫困程度深。

产业发展滞后。经济结构不合理。龙头企业少,带动能力不强;农产品深加工率低,产业链不长,附加值不高,市场竞争力不强。特别是骨干工业少、工业经济发展滞后,城镇化起步晚、水平低,制约了经济加速发展。

区位 1:贵州省瓮安经济开发区

（1）相对比较优势

区位优势。瓮安的地理位置优越,是舞阳河的发源地,且自古以来就是沟通西南川蜀的交通要地。该地周边毗邻的县市较多,东邻黄平县、西接开阳县、南连福泉市、北交湄潭县,交通十分便利。与贵阳市中心城区直线距离不到 90 公里,具有明显的区位优势。

交通优势。规划中的瓮安至贵阳高速公路建成开通后,瓮安将进入贵阳市及周边的"一小时经济圈";同时,规划建设的瓮安至马场坪高速路建成后,瓮安将实现快速连接贵新和贵广高速公路,构建起瓮安南下珠三角的大通道,显著提升瓮安的区位优势,可以为产品的外销提供快捷的运输服务。

产业集群优势。瓮安经济开发区是贵州省3个千亿元产业区之一,瓮安着力打造精品园区,以园区建设为基点,以城镇发展为依托,以二者综合发展、相互促进为目标,从茶叶、蔬菜、水果、农副产品、新鲜水产入手,力求实现由州到省的多层次园区发展。瓮安现代高效农业示范园区达7个,包含企业80余家,合作社近50个,承包示范田3万亩,带动了周边近9万亩农田,9万名农民的发展,为当地创收8.774亿元,累计产值近12亿元。作为国家重点高新技术企业和国家创新型企业、缓控释肥料行业标准与国家标准起草单位、全国缓控释肥产业技术创新战略联盟理事长单位,位于瓮安工业园的金正大生态工程集团股份是全球最大的缓控释肥生产基地,农业产业化龙头企业具有产业带动效应。

电子商务优势。贵州兴瓮集团积极探索淘宝线上销售模式,在与贵州鑫润丰电子商务公司实现合作后,搭建了具有当地特色的生态文化产品供应链和销售渠道,成功创立了农村电商平台。该平台汇聚了当地各类特色农产品、食品共计74种,如贵山茶叶、柴姨妈黄粑等,目前当地企业已经意识到了电子商务的巨大前景,正积极寻求与瓮安淘宝平台的合作。电子商务在农村的集聚发展有利于打造瓮安特色经济。

政策环境优势。为进一步改善和优化投资环境,鼓励投资者到瓮安投资兴业,政府按照"环境立县、工业强县、农业稳县、旅游活县"的发展思路,设立招商引资奖励基金,制定一系列财政税收优惠政策,扶持农业产业化龙头企业。

（2）相对劣势

资金缺乏。随着基础设施规模逐步扩大,需要投入更大资金量,加上前期建设融入的资金需要逐步偿还,导致资金紧张、缺口大,基础设施建设进程缓慢。

管理体制不顺。体制创新始终是开发区发展的动力之一,而现在开发区处于新老体制过渡阶段,规划、土地和财税管理体制不顺,管委会的机构设置、职能配置与运行机制不能适应开发建设的需要。

区位2:贵阳

(1)相对比较优势

区位优势突出。贵阳的地理位置优越,处于西南五省的中间地带,四周拥有众多经济区,被誉为西部的"十字路口",其中东临长江三角洲经济区,西邻东盟经济区,北部则是重庆直辖市,南部紧邻北部湾经济区。在众多经济区的带动下,贵阳逐步发展形成了黔中经济区,区域优势日益明显,发展潜力巨大。

发达的交通优势。贵阳是西南地区的铁路枢纽之一,川黔、贵昆、湘黔、黔桂4条铁路干线交会于此。贵阳周边便捷的航空、高速公路、高速铁路网使贵阳成为连接西南到华南地区的重要交通枢纽,也是中西部地区通往东南亚地区的重要陆路通道。尤其是贵广高铁开通后,物流成本下降,农业合作空间更加广阔。

人力资源丰富。贵阳经济技术开发区周边聚集了以省内唯一的211院校为代表的众多高校和科研院所,区内企业与省内高校以及科研院所联系紧密、合作广泛。此外,区内的劳动力成本相对较低,仅为沿海地区的40%,中部地区劳动力成本的三分之二。

(2)相对劣势

劳动力因素。贵阳当地的劳动力资源丰富,但是员工的综合素质和业务水平相对不高,工作效率较低,无法满足当地企业的需要,加之外出务工人员的增多,令当地的劳动力优势逐步丧失。而工人较长的培训周期也是束缚企业转移的原因之一。

综合成本高。相对地级市,贵阳市产业较密集,水电等生产要素、劳动力、原材料、物流成本上升,特别是土地资源在人多地少、山多地少的贵阳市显得尤为珍贵。农业产业集群不成熟,企业发展空间受限。

(三)基于AHP-FCE的企业迁移目标区位决策分析

1.决策指标权重集确定

以业内专家为调查对象,共发放问卷10份,对各指标重要性进行两两比较。整理调查结果,对各专家的权重比较结果进行几何平均,初步建立企业迁移决策影响因素指标体系准则层的两两判断矩阵,从而确定影响因素的各指标权重。

表6-2 准则层 U_1— U_4判断矩阵

	U_1	U_2	U_3	U_4
U_1	1	3	5	9
U_2	1/3	1	4	7
U_3	1/5	1/4	1	2
U_4	1/9	1/7	1/2	1

资料来源:根据企业迁移决策影响因素权重调查表整理。

用几何平均法计算该判断矩阵特征向量 W 的各分量 W_i:

$$W_1 = (1 \times 3 \times 5 \times 9)^{\frac{1}{4}} = 3.409 \quad W_2 = (1/3 \times 1 \times 4 \times 7)^{\frac{1}{4}} = 1.747$$

$$W_3 = (1/5 \times 1/4 \times 1 \times 2)^{\frac{1}{4}} = 0.562 \quad W_4 = (1/9 \times 1/7 \times 1/2 \times 1)^{\frac{1}{4}} = 0.298$$

$$W = W_1 + W_2 + W_3 + W_4 = 6.016$$

从而计算出准则层各指标的权重分别为:

$$W_{U_1} = \frac{3.409}{6.016} = 0.567 \qquad W_{U_2} = \frac{1.747}{6.016} = 0.290$$

$$W_{U_3} = \frac{0.562}{6.016} = 0.093 \qquad W_{U_4} = \frac{0.298}{6.016} = 0.050$$

即特征向量 $W = [0.567, 0.290, 0.093, 0.050]^T$

判断矩阵 P 与特征向量 W 的乘积为：

$$\begin{bmatrix} 1 & 3 & 5 & 9 \\ 1/3 & 1 & 4 & 7 \\ 1/5 & 1/4 & 1 & 2 \\ 1/9 & 1/7 & 1/2 & 1 \end{bmatrix} \cdot \begin{bmatrix} 0.567 \\ 0.290 \\ 0.093 \\ 0.050 \end{bmatrix} = \begin{bmatrix} 2.352 \\ 1.201 \\ 0.379 \\ 0.201 \end{bmatrix}$$

得 $\lambda_{max} = \frac{2.352}{4 \times 0.567} + \frac{1.201}{4 \times 0.290} + \frac{0.379}{4 \times 0.093} + \frac{0.201}{4 \times 0.050} = 4.096$,

可得 $CI = (\lambda_{max} - n)/(n-1) = 0.032$,查 AHP 平均随机一致性指标取值参考表得知,当 $n = 4$ 时,$RI = 0.89$,$CR = CI/RI = 0.036 < 0.1$,此时一致性检验通过。可以得出判断矩阵具有一致性,权重分配是合理的,所求得的特征向量可以被视作权向量。因此,准则层指标权重分配情况见表 6-3。

表 6-3　准则层指标权重分配表

准则层指标	U_1	U_2	U_3	U_4
权重分配	0.567	0.290	0.093	0.050

依据以上计算方法可得到各指标层二级指标的判断矩阵和权重分配,在此省略计算过程。

由于所属一级指标在综合评价体系中所占的权重有所不同,以上各二级指标的权重分配都是一级指标下的局部权重。还需要进一步计算本层次所有评价指标相对上一层次的权值,即全局权重。结果如表 6-4 所示。

表 6-4　企业迁移决策各指标权重集

总目标层	准则层指标	权重	指标层指标	局部权重	全局权重
企业迁移决策（U）	政策因素（U_1）	0.567	U_{11}环境管制	0.029	0.016
			U_{12}政府行政效率	0.042	0.024
			U_{13}土地优惠	0.063	0.036
			U_{14}税收优惠	0.096	0.054
			U_{15}政府配套服务	0.408	0.231
			U_{16}信贷支持	0.146	0.083
			U_{17}公平竞争环境	0.217	0.123
	经济因素（U_2）	0.290	U_{21}原材料丰富程度	0.175	0.051
			U_{22}劳动力成本	0.130	0.038
			U_{23}土地成本	0.019	0.006
			U_{24}人力资本	0.057	0.017
			U_{25}信息与技术	0.013	0.004
			U_{26}交通与物流成本	0.029	0.008
			U_{27}产业配套	0.099	0.029
			U_{28}基础设施	0.151	0.044
			U_{29}产业集群网络	0.039	0.011
	战略因素（U_3）	0.093	U_{210}市场前景	0.071	0.021
			U_{211}市场开放程度	0.009	0.003
			U_{212}区域经济水平	0.208	0.060
			U_{31}企业家精神	0.079	0.007
			U_{32}企业空间扩张	0.154	0.014
			U_{33}提升企业知名度	0.015	0.001
			U_{34}业务调整	0.036	0.003
			U_{35}企业运营能力成长性	0.021	0.002
			U_{36}组织结构变更	0.050	0.005

续表

总目标层	准则层指标	权重	指标层指标	局部权重	全局权重
企业迁移决策（U）	情感因素（U_4）	0.050	U_{37}避免恶性竞争	0.122	0.011
			U_{38}对迁入地积极的预期	0.302	0.028
			U_{39}对迁出地悲观的预期	0.219	0.020
			U_{41}乡土情结	0.090	0.005
			U_{42}对某区位文化偏好	0.028	0.001
			U_{43}特殊区位偏好	0.163	0.008
			U_{44}决策者冒险精神	0.252	0.013
			U_{45}个人成就感	0.418	0.021
			U_{46}员工追随企业迁移的可能性	0.049	0.002

2. 基于 FCE 的企业迁移目标区位决策因素的单因素评价

（1）建立评语集

为了能够对最终的结论进行区分，因此根据每一个因素指标的具体情况，将其转化为 5 个级别进行评价，具体转化为 V = {V1,V2,V3,V4,V5} = {很好,好,中等,差,很差}。

（2）建立模糊关系矩阵 R，进行单因素评价

在构建等级模糊子集之后，就需要对每一个备选区位中囊括的每一个影响因素执行量化操作，即以单因素的层面出发，确定每一个区位对各级模糊子集的隶属度（$R|U_{ij}$），最终可得模糊关系矩阵：

$$R_1 = \begin{bmatrix} R|U_{11} \\ R|U_{12} \\ R|U_{13} \\ R|U_{14} \\ R|U_{15} \\ R|U_{16} \\ R|U_{17} \end{bmatrix} = \begin{bmatrix} 0.2 & 0.3 & 0.3 & 0.2 & 0 \\ 0.3 & 0.5 & 0.2 & 0 & 0 \\ 0.1 & 0.5 & 0.1 & 0.1 & 0.1 \\ 0.2 & 0.4 & 0.3 & 0.1 & 0 \\ 0.1 & 0.6 & 0.3 & 0 & 0 \\ 0 & 0.5 & 0.3 & 0.2 & 0 \\ 0 & 0 & 0.5 & 0.3 & 0.2 \end{bmatrix}$$

$$R_2 = \begin{bmatrix} R \mid U_{21} \\ R \mid U_{22} \\ R \mid U_{23} \\ R \mid U_{24} \\ R \mid U_{25} \\ R \mid U_{26} \\ R \mid U_{27} \\ R \mid U_{28} \\ R \mid U_{29} \\ R \mid U_{210} \\ R \mid U_{211} \\ R \mid U_{212} \end{bmatrix} = \begin{bmatrix} 0 & 0.7 & 0.3 & 0 & 0 \\ 0.4 & 0.4 & 0.2 & 0 & 0 \\ 0.1 & 0.5 & 0.3 & 0 & 0 \\ 0.3 & 0.7 & 0 & 0 & 0 \\ 0 & 0 & 0.5 & 0.3 & 0.2 \\ 0 & 0.4 & 0.4 & 0.2 & 0 \\ 0 & 0.2 & 0.4 & 0.4 & 0 \\ 0 & 0.6 & 0.3 & 0.1 & 0 \\ 0.1 & 0.7 & 0.2 & 0 & 0 \\ 0 & 0.2 & 0.6 & 0.2 & 0 \\ 0 & 0.2 & 0.7 & 0.1 & 0 \\ 0 & 0.5 & 0.4 & 0.1 & 0 \end{bmatrix}$$

$$R_3 = \begin{bmatrix} R \mid U_{31} \\ R \mid U_{32} \\ R \mid U_{33} \\ R \mid U_{34} \\ R \mid U_{35} \\ R \mid U_{36} \\ R \mid U_{37} \\ R \mid U_{38} \\ R \mid U_{39} \end{bmatrix} = \begin{bmatrix} 0.1 & 0.5 & 0.3 & 0.1 & 0 \\ 0.2 & 0.4 & 0.4 & 0 & 0 \\ 0 & 0.2 & 0.6 & 0.2 & 0 \\ 0.2 & 0.3 & 0.3 & 0.2 & 0 \\ 0.1 & 0.3 & 0.5 & 0.1 & 0 \\ 0.2 & 0.6 & 0.2 & 0 & 0 \\ 0.2 & 0.7 & 0.1 & 0 & 0 \\ 0.2 & 0.6 & 0.2 & 0 & 0 \\ 0.1 & 0.5 & 0.3 & 0.1 & 0 \end{bmatrix}$$

$$R_4 = \begin{bmatrix} R \mid U_{41} \\ R \mid U_{42} \\ R \mid U_{43} \\ R \mid U_{44} \\ R \mid U_{45} \\ R \mid U_{46} \end{bmatrix} = \begin{bmatrix} 0.2 & 0.6 & 0.2 & 0 & 0 \\ 0.1 & 0.4 & 0.3 & 0.2 & 0 \\ 0.1 & 0.6 & 0.1 & 0.2 & 0 \\ 0.2 & 0.5 & 0.2 & 0.1 & 0 \\ 0.2 & 0.7 & 0.1 & 0 & 0 \\ 0.1 & 0.3 & 0.2 & 0.2 & 0.2 \end{bmatrix}$$

3. 基于 FCE 的企业迁移备选区位两级模糊评价

在已知各模糊向量权重和模糊关系矩阵的情况下,计算得到企业迁移备选区位 1 的单级模糊评价结果 B_1:

$$B_1 = W_1 \times R_1 = \begin{bmatrix} 0.029 & 0.042 & 0.063 & 0.096 & 0.408 & 0.146 & 0.217 \end{bmatrix} \cdot$$

$$\begin{bmatrix} 0.2 & 0.3 & 0.3 & 0.2 & 0 \\ 0.3 & 0.5 & 0.2 & 0 & 0 \\ 0.1 & 0.5 & 0.1 & 0.1 & 0.1 \\ 0.2 & 0.4 & 0.3 & 0.1 & 0 \\ 0.1 & 0.6 & 0.3 & 0 & 0 \\ 0 & 0.5 & 0.3 & 0.2 & 0 \\ 0 & 0 & 0.5 & 0.3 & 0.2 \end{bmatrix}$$

$$= \begin{bmatrix} 0.085 & 0.417 & 0.327 & 0.116 & 0.050 \end{bmatrix}$$

$$B_2 = W_2 \times R_2 =$$

$$\begin{bmatrix} 0.175 & 0.130 & 0.019 & 0.057 & 0.013 & 0.029 & 0.099 & 0.151 & 0.039 & 0.071 & 0.009 & 0.208 \end{bmatrix} \cdot$$

$$\begin{bmatrix} 0 & 0.7 & 0.3 & 0 & 0 \\ 0.4 & 0.4 & 0.2 & 0 & 0 \\ 0.1 & 0.5 & 0.3 & 0 & 0 \\ 0.3 & 0.7 & 0 & 0 & 0 \\ 0 & 0 & 0.5 & 0.3 & 0.2 \\ 0 & 0.4 & 0.4 & 0.2 & 0 \\ 0 & 0.2 & 0.4 & 0.4 & 0 \\ 0 & 0.6 & 0.3 & 0.1 & 0 \\ 0.1 & 0.7 & 0.2 & 0 & 0 \\ 0 & 0.2 & 0.6 & 0.2 & 0 \\ 0 & 0.2 & 0.7 & 0.1 & 0 \\ 0 & 0.5 & 0.4 & 0.1 & 0 \end{bmatrix} = [\,0.075 \quad 0.493 \quad 0.327 \quad 0.100 \quad 0.003\,]$$

$B_3 = W_3 \times R_3 = [\,0.079 \quad 0.154 \quad 0.015 \quad 0.036 \quad 0.021 \quad 0.050 \quad 0.122 \quad 0.219 \quad 0.302\,]$ ·

$$\begin{bmatrix} 0.1 & 0.5 & 0.3 & 0.1 & 0 \\ 0.2 & 0.4 & 0.4 & 0 & 0 \\ 0 & 0.2 & 0.6 & 0.2 & 0 \\ 0.2 & 0.3 & 0.3 & 0.2 & 0 \\ 0.1 & 0.3 & 0.5 & 0.1 & 0 \\ 0.2 & 0.6 & 0.2 & 0 & 0 \\ 0.2 & 0.7 & 0.1 & 0 & 0 \\ 0.2 & 0.6 & 0.2 & 0 & 0 \\ 0.1 & 0.5 & 0.3 & 0.1 & 0 \end{bmatrix} = [\,0.165 \quad 0.527 \quad 0.264 \quad 0.042 \quad 0\,]$$

$$B_4 = W_4 \times R_4 = [0.090 \quad 0.028 \quad 0.163 \quad 0.252 \quad 0.418 \quad 0.049] \cdot$$

$$\begin{bmatrix} 0.2 & 0.6 & 0.2 & 0 & 0 \\ 0.1 & 0.4 & 0.3 & 0.2 & 0 \\ 0.1 & 0.6 & 0.1 & 0.2 & 0 \\ 0.2 & 0.5 & 0.2 & 0.1 & 0 \\ 0.2 & 0.7 & 0.1 & 0 & 0 \\ 0.1 & 0.3 & 0.2 & 0.2 & 0.2 \end{bmatrix} = [0.176 \quad 0.596 \quad 0.145 \quad 0.073 \quad 0.01]$$

将 U_i 看作一个综合因素,用 B_i 作为它的单因素评价结果,确定隶属关系矩阵:

$$R = \begin{bmatrix} B_1 \\ B_2 \\ B_3 \\ B_4 \end{bmatrix} = \begin{bmatrix} 0.085 & 0.417 & 0.327 & 0.116 & 0.050 \\ 0.075 & 0.493 & 0.327 & 0.100 & 0.003 \\ 0.165 & 0.527 & 0.264 & 0.042 & 0 \\ 0.176 & 0.596 & 0.145 & 0.073 & 0.01 \end{bmatrix}$$

综合因素 $(i = 1, 2, \cdots, 4)$ $(i = 1, 2, \cdots, 4)$ 的模糊权向量为:

$$W = [0.567 \quad 0.290 \quad 0.093 \quad 0.050]$$

则企业备选目标区位 1 的二级模糊评价向量为:

$$C_1 = W \times R = [0.09409 \quad 0.45822 \quad 0.312041 \quad 0.074198 \quad 0.02972]$$

(3)以同样方法得到备选区位 0 和 2 的二级模糊综合评价向量:

$$C_0 = [0.08453 \quad 0.435243 \quad 0.307546 \quad 0.11786 \quad 0.04867]$$

$$C_2 = [0.07809 \quad 0.38276 \quad 0.293767 \quad 0.12635 \quad 0.05758]$$

4.企业迁移决策综合评价

给企业迁移决策评价集 $V = \{V1, V2, V3, V4, V5\} = \{$很好,好,中等,差,很差$\}$分别赋分 $F = \{5, 4, 3, 2, 1\}$,经计算得到备选区位的最终值分别为:

$$Z_1 = C_1 \times \begin{bmatrix} V_1 \\ V_2 \\ V_3 \\ V_4 \\ V_5 \end{bmatrix} = \begin{bmatrix} 0.09409 & 0.45822 & 0.312041 \\ 0.074198 & 0.02972 \end{bmatrix} \cdot [5 \quad 4 \quad 3 \quad 2 \quad 1]^T =$$

3.417569

$Z_0 = [0.08453 \quad 0.435243 \quad 0.307546 \quad 0.11786 \quad 0.04867] \cdot$

$[5 \quad 4 \quad 3 \quad 2 \quad 1]^T = 3.37065$

$Z_2 = [0.07809 \quad 0.38276 \quad 0.293767 \quad 0.12635 \quad 0.05758] \cdot$

$[5 \quad 4 \quad 3 \quad 2 \quad 1]^T = 3.113071$

由上面计算结果得知 $Z_1 > Z_0 > Z_2$,所以待选区位 1 为企业迁移的目标区位。

运用层次分析法和模糊综合评价法对调查数据进行计算,通过定量分析得出贵州省瓮安经济开发区是最适宜企业迁移的目标区位。经层次分析法计算,得出政府配套服务、公平竞争环境和信贷支持为指标层排名前三的权重指标。当地政府对扶持中小企业具有良好的信贷优惠政策,并提供完善的政府服务,竞争环境相对公平,验证了瓮安经济开发区在企业迁移决策中得分高的原因。因此,企业管理层如认为模型得出的迁移目标区位比较符合实际情况,可以将瓮安经济开发区确定为迁移的目标区位。

第三节　企业迁移时机分析

企业迁移成功与否与迁移时机具有密切的联系。如果迁移时机选择不当,会导致企业迁移行为的受阻甚至于失败。

一、迁移类型与迁移时机

在对企业迁移时机选择进行分析时,需要区分政策驱动型迁移与市场驱动型迁移的类型。政策驱动型企业多为制造业企业,其产品生产对环境污染较为严重,进入 21 世纪以来,在"退二进三""退城进园"等一系列政策的推动下,这类企业纷纷迁移出城市中心,一些企业并不具备迁移时机的选择权。因此本节不考虑这类企业的迁移时机。市场驱动型的企业在做时机选择时,应以自身成长为目标,以自身资源为基础,综合考虑多项影响企业利润的指标。

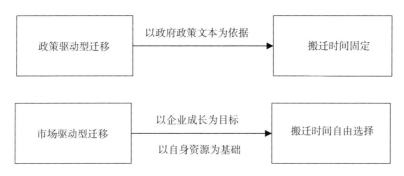

图6-5　不同类型企业搬迁时机选择

二、企业迁移时机模型

在经济全球化日益加快的今天,企业为了保持快速平稳发展,必须保持竞争力,寻找新的增长点。企业迁移行为作为一种战略转型策略,能在一定程度上帮助企业保持持久的成长活力,然而时机选择的过程往往具有很强的随机性特征:

(1)信息的不对称导致处理不同信息来源的不确定性(Ezzamel 和 Willmott,2010)[1]。

---

[1]　Ezzamel M,Willmott H,"Strategy and Strategizing:A Poststructuralist Perspective",*Advances in Strategic Management*,Vol. 27(27),2010,pp. 75–109.

（2）市场环境变化的不确定性导致的信息随机性。

（3）不同情境的外部信息不确定性导致的企业决策者信息选取的随意性
（Prieto 和 Wang，2010）①。

影响企业迁移时机的因素瞬息万变，企业家在作决策时难免会陷入僵局，
错失迁移良机。尽管时机选择过程中的随机性大大增加了企业家决策的难
度，但企业迁移的根本目的在于企业利润的提升，故可以运用成本—收益分析
方法，尝试构建企业迁移时机模型。

在完全竞争市场中，企业退出原区位的时间区间应该在企业平均变动成
本高于产品单价之后，然而完全竞争市场是相当完善的且要素是自由流动的，
企业自由进出无成本。在现实市场条件下，企业退出原区位是不自由的，存在
一定的迁移成本，在停产与退出市场之间存在一定延时，因此企业家需要合理
权衡停产时间与迁移时间。

企业的迁移行为应以利润最大化为目标，因此，在决定某时刻是否适合迁
移时，可以以该时刻是否对企业发展有利为标准，并对该时点的成本收益进行
分析。

当在 t 时刻有下式成立时，则企业应该进行迁移：

$$MV_2 - MV_1 > EC \tag{1}$$

MV_1 表示企业现有区位的生产能力价值，即待迁出区位所能给企业创造
的利润总额，其随时间的推进先增后减，但由于企业迁移时大多数业务已从产
品成熟后期逐渐向衰退期过渡，故迁出时间点只会在 MV_1 达到波峰后，即 t_1 时
点之后；MV_2 表示企业迁入地区所能给自身带来的预期收益的净现值；EC 代
表企业的迁移成本，随着企业规模的扩大，企业迁移成本逐渐增加（图6-6）。

在 t_2 点时，$MV_2 - MV_1 = EC$，即 $AB = CO$，此时企业现有区位能给自身带来的
收益等于其余区位，企业家可以开始考虑迁移；在 t_1—t_2 间，$MV_2 - MV_1 < EC$，迁

---

① Prieto L, Wang L, "Strategizing of China's Major Players: A Bourdieusian Perspective",
Journal of Organizational Change Management, Vol. 23(3), 2010, pp. 300–324.

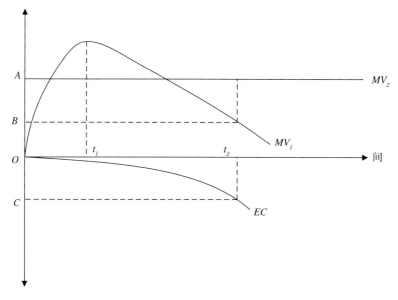

图 6-6　不同时点企业迁移的成本与收益

移动机较弱,退出壁垒较高;在 o—t_1 之间,企业处于上升期,基本无迁移意愿。但值得注意的是,对于那些受政府政策强制性管制的企业,迁移时间点不受自身控制,可位于时间轴上任意点。

上述简化模型缺乏对时机的动态比较,接下来我们将该模型进行深化。由于企业迁移活动并不是瞬间完成,故在时间上存在滞后现象,即计划迁移时间点与迁移完成时间点并不一致,考虑到这一现象,企业在计划迁移行动时,既需要保证 $MV_2-MV_1>EC$,也需要满足下式的条件:

$$V + \int_0^T Vre^{-rt}dt > \int_0^T be^{-rt}dt + A/(1+r)^T \tag{2}$$

我们假设企业计划在时间点 T_n 时开始迁移。V 代表在 T_n 时刻迁出时所能获得的收益与迁移成本之差,$V=MV_{2n}-MV_{1n}-EC_n$;T 代表迁移行为完成所需要花费的时间;r 代表此时市场资本成本率,左式左边积分反映的是计划迁

移后 T 时段内将资金 V 投入资本市场中所能带来的投资收益,是一种机会成本概念;b 代表的是持续经营时所能获得的均匀利润的连续流量,右式积分代表的是迁移过程中如果企业持续经营 T 时间所能获得的资金收益;A 代表的是企业迁移后的残值,$A/(1+r)^T$ 代表的是残值所能给企业带来的收益。

同时满足(1)(2)式的时间点 T_n 即为迁移时机可选点。

第七章 企业迁移与企业成长

　　企业迁移本质上是企业区位的再选择。无论迁移企业的区位选择是否合理，对企业的持续、稳定、健康发展都具有重要影响。因为无论是改变企业外部的地理空间，还是变革企业内部的空间组织方式，企业的成本、利润、市场规模和发展速度等方面都会受到影响，而这些指标恰恰又都是企业成长的重要体现。

　　企业迁移会带来企业自身的成长。企业迁移促进企业成长的动力，主要来源于区位优化、匹配优化与内部优化三个方面。

第一节　区位优化与企业成长

　　迁移对于企业来说是具有重要战略意义的选择，因此在选择迁入地时，企业会对可能的迁入地做充分的市场调查并且反复权衡迁移前后企业的收益及成本，最后才会作出决定。在迁移后，企业需要充分合理的利用区位优势进一步发展壮大。[①] 企业通过区位优势获得成长的机理如图7-1所示：

―――――――――

　　①　吴波：《区位迁移与企业成长理论与实证研究》，浙江工商大学出版社2012年版。

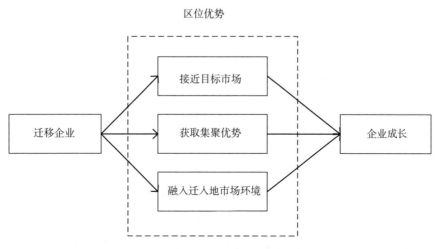

图 7-1　迁移企业利用区位优势的成长机理

一、接近目标市场

企业发展的最优区位一般指的是最接近目标市场的区位,企业迁移必须要考虑企业产品的运输,物流成本以及目标客户等,因此降低市场距离就是企业迁移目标选择的一个关键因素。在企业的发展过程中,尤其是企业战略调整以后,企业的目标市场和目标客户都会发生变动,这时候为了更好地服务企业的目标客户以及开发新的潜在客户,企业就要向发展的最优区位迁移,对企业而言,客户就是市场,紧跟客户就是紧跟市场,客户的需求规模及其增长趋势决定了企业的业务发展速度与极限。有了大客户,企业才会有大市场。紧跟大客户,伴随着客户业务的发展,企业也能够获得更大的成长空间。

二、获取集聚优势

产业集群对集群内企业价值成长有重要作用。企业迁移至集群区域,就能够低成本获取集群内的知识、信息与上下游产品,产品生产会变得更加有效率,从而增强了集群内企业的核心竞争力,使企业的价值能够获得大幅提升。

迁移企业获取的集聚优势主要包括资源共享、低成本优势、品牌建设以及技术创新等几个方面。

（一）共享区内资源

产业集群内部聚集着各种资源，包括信息资源、人力资本资源、原材料、存货、共同的生产设备及城市基础设施。从微观角度看，企业一旦迁移至集群区域内，无论是基础生产活动还是辅助生产活动，大量的经济资源在集群内部是共享的。信息资源在整个区域内基本为无成本流动，生产技术在集群内各企业之间也能够快速传播，各种基础设施和服务设施在集群内共享共用。集群内企业拥有共同的市场网络，无论是上游企业的原材料半成品，中游企业的价值链，还是下游企业的供应渠道，也由集群内所有企业所共享。金融、资本、研发、劳动力市场等社会服务也相互共享。

产业集群的资源共享极大地推动企业发展，提高了企业的赢利能力与竞争力。上游企业创造价值传递给中游企业、中游企业创造价值传递给下游企业，下游企业将产品出售给买方，实现了价值回流与增值。在整个价值传递过程中，集群内企业共享共同创造价值，并实现企业的成长。

（二）降低生产成本

企业迁入聚集区，在资源共享的同时，也带来了成本的节约，这种成本的节约主要表现在以下三个方面：

一是降低交易成本。对一个相对完整的聚集区而言，区域内集中了大量同一行业、相互联系的相关企业，这些企业涉及产业链上下游的方方面面。企业迁移至聚集区内，从原料供应到半成品再到最终产品，都能获得较为稳定的商品供应。这些商品供应不仅稳定，而且各企业之间彼此信任，质量可靠，从而为迁移企业节约了包括搜寻、信息、议价、决策以及监督交易进行所带来的一系列交易成本。

二是降低运输成本。聚集区内各企业产业链完备,距离靠近,商品供应也会使得运输成本降低。而且由于各企业信息透明,配套与辅助企业可以根据需求进行生产,也可以降低库存成本。

三是降低融资成本。对于中小企业而言,融资难、融资贵的问题是制约其发展的主要瓶颈之一。中小企业规模较小,资金实力弱,融资渠道单一。由于缺乏优质的实物资产抵押,金融部门要么不愿意放贷,要么放贷资金难以满足企业发展需要;民间借贷融资成本太高,企业往往难以负重。当企业迁移至聚集区,就可以做到扬长避短,形成与单个的企业截然不同的融资优势。产业链上的各企业利益休戚与共,一家企业的融资,可以由多家利益相关的企业共同担保。这样可以减少金融机构与企业之间的信息不对称,减少逆向选择和道德风险的发生。同时,聚集区内各企业的大规模融资,也可以在一定程度上降低融资成本,从而有利于扩大企业的生产规模,最终增加销售收入,提高利润。

(三)融入区域品牌

市场经济条件下品牌是企业的核心竞争力。在产业聚集区内,随着生产某种产品的企业数量的增加,分工就会愈加明确,生产规模也会越来越大。分工的精细化以及企业规模的壮大,促使产业聚集区形成规模经济,且规模经济给聚集区内各企业都带来了好处。区域品牌形成的基础取决于三大因素:产业的规模、产业的集中度以及市场占有率。当聚集区生产规模越来越大,成为某产品的主要供给基地时,区域品牌就会慢慢形成。随着产品不断外销,知名度也会日益提高。很多名牌产品都在产业聚集程度较高的区域形成,佛山陶瓷、漯河肉制品、天水花牛苹果、宁夏中宁枸杞等。

区域品牌是区域产业重要的无形资产。区域品牌的形成对区域产业的发展具有重要影响,不仅将吸引与区域产业有关的更多企业聚集于区域内,还会吸引大量的资金、丰裕的劳动力、先进的技术、及时的市场信息等要素向区域内聚集。企业迁移至聚集区后,可以共享区域品牌,为企业的规模扩大与技术升级提供强有力的支持。

（四）提高创新能力

聚集区内汇聚大量生产同种或者近似产品的企业,每家企业面临来自周边同行的竞争压力,竞争压力会促使企业不断改进生产工艺,从而形成强大的创新动力。一家企业的创新,也会带动聚集区内其他企业的创新,聚集区就会形成良好的创新氛围。创新氛围带动创新步伐,加上技术溢出效应,整个聚集区创新能力就会不断加强,生产效率就会不断提高。

如果迁入地具有更大的产业集聚优势,那么企业迁移之后,企业办事效率就会得到提升,集群内产业结构不断的优化升级,同时推进了龙头企业在产业集群内溢出知识的流动、分享和再创造,同时加强了集群内企业的沟通合作,使企业之间的联系更加紧密,这样一来集群内的资源就能得到利益最大化的分享和利用。

通过对集群内知识和技术的逐渐积累与创新,同时建立起与企业内外部资源之间的良好交流,通过企业的核心竞争力的逐步提升使得企业获得持续不断的成长动力。

三、融入迁入地市场环境

迁移企业一般会选择迁往拥有有利于企业更好发展前景市场的区位,良好的迁入地市场环境往往意味着迁入地具有前景较好的投资环境、完备的法律体系以及政府提供的相关优惠政策等,那么迁移企业就应该积极主动地融入迁入地市场环境中,对目标市场进行充分的市场调研,准确把握市场动态,对目标客户进行问卷调查了解消费者的产品需求,对行业内竞争对手的经营有全面认识,并建立必要的沟通桥梁以便信息共享。在迁入一段时间后,企业与政府之间的良好沟通也慢慢建立,并根据迁入地政府提出的行业内相关法律法规和优惠政策,快速做出企业布局调整,应对市场宏观环境变化。融入了市场,企业的生产投资就有了明确的方向,如果企业制定的战略得当,在法律制度保障和优惠政策扶持下,企业就能得到较好的成长机会。

第二节　匹配优化与企业成长

匹配指的是一种相称、适应的状态。在市场经济条件下,企业要获得快速发展,就需要企业发展战略与周边环境能够互动与匹配。从本质上讲,企业迁移是区位再调整,也是企业与周边环境从不匹配到匹配、从匹配到更加匹配的动态优化过程。无论什么企业,迅速地捕捉和应对环境变化所创造的每一个机会与挑战,并加强与周边环境的匹配,都是企业竞争制胜的关键。一个迁移成功的企业,一定是周边环境更为匹配与适应的企业。迁移至新区位给企业带来的匹配优化主要来自于资源匹配优化、能力匹配优化、政策匹配优化与文化匹配优化。

一、资源匹配优化降低生产成本

资源是企业赖以生存与发展的物质基础。缺乏资源的优化与合理配置,企业就无法获得持续发展。

不同类型的企业,对资源的需求并不相同。资源型企业对自然资源的依赖程度较高,这些企业的区位选择需要与区域资源禀赋相契合。资源型企业的迁移,往往是由于原区位资源出现耗竭,资源获取成本上升。企业迁移选址,往往会选择资源禀赋有优势的区域。自然资源的匹配,对企业扩大生产,降低成本,有重要的意义。

劳动密集型企业,对劳动力的依赖程度较高,当原区位劳动力资源不再具有优势,企业会选择劳动力资源更丰裕、劳动力成本更低的地区。当然,企业迁移也不能仅仅以劳动力资源的丰裕程度为唯一依据。劳动力技能素质也是企业迁移的依据之一,如果企业在原区位能够拥有大量熟练工人的供应,且劳动者对待工作拥有积极向上的态度,劳动生产率高,则有利于提高企业竞争力。我国西部地区劳动力资源丰富,平均工资水平低,但一些劳动力资源由于受教育程度低,工作不熟练,影响了劳动生产率,反而有可能给企业带来负面影响。因此,企业性质应与劳动力资源数量及质量相匹配。这种匹配能大幅度降低这类企业的生产成本,从而使得企业生产得以持续。

知识密集型企业,要求科研人才和管理人才有较高的素质。因此这类企业在迁移时,会倾向于向中心城市及科研机构密集的区域靠近,同样也是企业与知识性资源的匹配。

除了企业类型,不同发展阶段的企业,资源需求也不相同。在企业各个生命周期中,同样需要不同的资源与企业发展阶段相匹配,这样企业才能在不同周期中,保持竞争力,实现企业成长。

二、能力匹配优化拓宽企业发展路径

20 世纪 50 年代开始,企业能力理论建立并逐步发展起来。1959 年美国经济学家潘罗斯(Penrose)发表的《企业成长理论》一文被公认为企业能力理论的奠基之作。20 世纪 90 年代以来,随着市场竞争的日益激烈,越来越多的学者开始用资源、能力、才能解释企业的竞争优势。企业能力理论由此兴起并获得快速发展。企业能力理论对企业发展产生了越来越大的影响。Foss 和 Knudsen(1996)认为企业能力是企业拥有的主要资产和资源[1]。Alfred &Chandler(1990)认为和企业能力是企业市场开拓、产品销售、产品开发、企业组织管理等方面的技能[2]。可以看出,企业能力既包括发展战略规划、资源获取、整合、企业定位等宏观运营能力,也包括企业组织运作、决策、指挥管理、执行等内部管理能力。

---

[1]　Foss N J,Knudsen C,*Towards A Competence Theory of the Firm*,London:Routledge,1996.

[2]　Alfred D,Chandler Jr,*Scale and Scope:The Dynamics of Industrial Capitalism*,Harvard:Harvard University Press,1990.

企业能力支撑企业的成长。要维持现有经营,并获得持续扩张,企业就需要在任何时刻都保持较好的企业能力。企业只有具备了一定的企业能力,并且企业能力能够随着外界环境改变而不断动态变化,才能获得动态成长。

Wemerfelt(1984)指出企业获利水平低,缺乏市场选择机会,表面上看是由于企业资源的不足,但从本质上看,还是由于该资源基础上的企业能力的不足。① 当企业能力不能适应市场环境变化的需要时,企业就无法获得进一步的成长。

企业迁移正是企业随外界环境变化而对区位的动态调整。企业迁移通过对企业能力的调整与匹配影响企业成长。当现有区位不能满足企业维持现有经营,或者不能满足企业进一步发展需要时,就意味着企业自身的能力与企业区位的选择不完全匹配,即在现有的区位条件下,企业能力不能支持企业的发展成长。迁移至新区位,将提升企业的资源获取与整合能力、企业市场开拓能力、产品销售能力和产品开发能力。因此,企业迁移会使得这种偏离得以调整,从而使企业能力与区位资源得以匹配。

企业能力与区位的匹配也决定企业的成长方式。企业所能生产的产品与服务,既取决于企业的内部资源、能力条件,也取决于企业的外在环境。企业通过迁移实现区位与能力的匹配,一方面改变了企业生产的外在环境,另一方面也改变了企业的内部资源与能力条件。资源主导型的企业,迁移往往选择与原有业务相关的区域,成长方式表现为原有业务的延续与扩大。能力主导型的企业,区位选择更加广阔,也更容易进行多元化成长,成长的路径也往往更加多样。

三、政策匹配优化改善企业生存环境

政策是影响企业发展的重要因素之一。产业政策通过市场供需、融资、税

---

① Wemerfelt B,"A Resource-based View of the Firm",*Strategic Management Journa*, Vol. 5(2),1984,pp. 171-180.

收、技术、环境管制等多个方面影响企业的生存与发展环境。我国地域辽阔,不同区域所处的发展阶段、比较优势存在较明显的差异。因此,不同区域产业政策并不相同。东部地区经过长期的发展,面临土地资源紧缺,人口拥挤,土地租金、劳动力价格不断上涨的现实,急需通过政策调整,将本地区部分不符合发展需要的产业迁出,以缓解交通、环保压力,优化产业结构,培养新的经济增长点。中西部地区由于资金、技术、人才的短缺,发展速度相对较缓,产业发展的层次与水平低,因而比东部地区有更加宽松与优惠的产业政策。正是这些相对宽松的环境政策与更加优惠的产业政策,吸引了大量东部企业的迁移落户。

对于迁移企业而言,区位的重新选择,使得企业生产性质与产业政策更加匹配,从而为企业发展与成长赢得了发展空间,拓展了生存环境。

政策匹配从本质上说,就是使企业空间区位与区域产业政策进行合理配置。对企业而言,市场供给和需求是其生存的基础。政府可以制定市场准入政策对迁移企业进行筛选,也可以扩大或减少对这些企业的采购,采取不同的原材料、能源供给政策,影响企业的供给与需求,从而影响企业的市场空间。

融资与税收也是影响企业生存与成长的关键因素。政府既可以通过融资政策促进企业从社会获取资金,也可以限制企业获取资金。对不同行业、不同规模、不同类型企业制定不同税收政策,会在很大程度上影响企业生产成本与赢利水平。

可以看出,不同政策对企业的生存发展起到截然不同的作用。当一个地区产业政策不能符合企业发展与成长需要,企业实施迁移,选择与政策相匹配的新区位,对企业成长至关重要。

四、文化匹配优化提升企业活力

文化作为一定的社会、经济与政治的反映,能为经济发展提供精神动力与智力支持。文化的形成是历史、地理、资源、气候及其他因素共同作用的结果

(Hofstede,1980)①。文化在一定地理环境中形成,区域是文化的存在载体与发展空间。

制度学派重视习俗、惯例、意识形态、道德伦理、文化传统等非正式制度对经济发展的作用。非正式制度正是区域文化的表征。区域文化对企业发展的影响,主要途径是通过主宰与影响人们的思想观念来实现。不同的文化,造就不同文化禀赋的人群,也决定了创新能力与创业家的产生概率。因此,文化差异既影响着企业的发展水平与层次,也影响着区域经济的发展水平与特点。

文化对企业的影响,包括企业管理水平(Ii 和 Harrison,2010)②、企业创新能力(Wagner,2010)③、兼并重组(Steen,2010)④、赢利能力(Carr 和 Bateman,2010)⑤、企业行为(Kreiser 等,2010)⑥、企业战略(Dimitratos 等,2011)⑦

可以看出,区域文化通过对企业的人的行为与意识的影响,可以影响企业成长。企业迁移既是地理区域的选择过程,也是文化区域的选择过程。通过迁移实现区域文化与企业文化的更好匹配,就可以促进企业的更快成长。

---

① Hofstede G, *A Culture's Consequences: International Differences in Work-Related Values*, Newbury Park:Sage Publications.1980.

② Li J T,Harrison J R,"National Culture and the Composition and Leadership Structure of Boards of Directors",*Corporate Governance An International Review*,Vol. 16(5),2010,pp. 375-385.

③ Wagner M,"National Culture,Regulation and Country Interaction Effects on the Association of Environmental Management Systems with Environmentally Beneficial Innovation",*Business Strategy & the Environment*,Vol. 18(2),2010,pp. 122-136.

④ Steen E V D,"Culture Clash:The Costs and Benefits of Homogeneity",*Management Science*, Vol. 56(10),2010,pp. 718-1738.

⑤ Carr C,Bateman S,"Does Culture Count? Comparative Performances of Top Family and Non-family Firms",*International Journal of Cross Cultural Management*,Vol. 10(2),2010,pp. 241-262.

⑥ Kreiser P M,Marino L D,Dickson P,et.al.,"Cultural Influences on Entrepreneurial Orientation:The Impact of National Culture on Risk Taking and Proactiveness in SMEs",*Entrepreneurship Theory & Practice*,Vol. 34(5),2010,pp. 959-983.

⑦ Dimitratos P,Petrou A,Plakoyiannaki E,et.al.,"Strategic Decision-making Processes in Internationalization:Does National Culture of the Focal Firm Matter?",*Journal of World Business*,Vol. 46 (2),2011,pp. 194-204.

第三节　内部优化与企业成长

对于迁移企业的成长，其核心就是企业生产规模的扩大和经营利润的增加，而这一过程依靠的是企业内在素质的逐步提升，价值网络的逐步优化，以及企业文化的不断沉淀，不断提升的品牌知名度，不断创新的企业领导者，以及合理整合的企业人力资源，这些为迁移企业的成长提供了原动力。

一、迁移企业价值网络形成

网络的概念最早来源于社会学对社会结构的研究。从形式的角度来看，网络是由多个点和各点之间的线组成的集合体，其中点代表行动者，线代表行动者之间的关系。在网络中，如果把点视为企业，线视为企业间关系，那么这一网络就可以称为企业网络，企业网络研究有三个"元假设"：1. 网络中的企业是相互依赖的，即企业之间并不是完全独立的市场关系，而是在治理结构上和资源关系上都存在一定的依赖性；2. 企业间关系是资源传递的渠道；3. 企业所嵌入的网络结构可以为企业成长提供机会，也会限制其成长。① 本书认为，相对于原区位企业，新迁入企业，只有更快速地去搭建、调整和优化自己的价值网络，才能在企业不断扩大的过程中加快企业的资源获取效率、优化企业的产品生产链结构，为市场和消费者带来更好的产品和服务。

一个企业的生存和成长与成千上万人的利益有着不可分割的联系，是植根于特定的历史文化和社会网络之中的。这种根植性是企业核心能力和资源的基石。在企业的发展过程当中，如果企业的规模越来越大，那么企业的社会网络资源也会随着扩张，相反如果企业规模越来越小，那么社会网络资源也就

---

① 郝云宏：《企业区位战略决策论》，浙江工商大学出版社 2010 年版。

会慢慢萎缩。当企业的发展停滞不前,在原来的发展区域开拓不了新的空间,社会网络资源也得不到改善,那么这时候企业就必然会通过企业迁移寻求新的发展空间或构筑新的社会网络,使企业不断发展壮大。

新古典经济理论认为企业只要迁入了目标区位,就能理所当然的获取迁入地资源,如果是那些较为开放的资源,例如迁入地提供的企业生产经营环境、相对丰富的劳动力供给等,迁移企业都可以容易获取;但如果是那些较为封闭的资源,例如迁入地同行企业的信息、迁入地复杂的市场环境以及迁入地政府的行政效率等,迁移企业获取这些资源就比较困难,在这种情况下,网络就成为迁移企业获取迁入地资源的有效途径。

图 7-2 给出了迁移企业搭建价值网络的逻辑机理。迁移企业内部网络通过关系型和结构型两种方式对迁入地网络进行嵌入,最后形成企业自身发展需要的价值网络。企业内部网络在迁入地网络中的关系嵌入使得在企业集群规模不断壮大的基础上,企业之间的生产知识、管理经验、技术交流一系列活动变得更加频繁和密切,而在迁入地网络中的结构嵌入则会加强迁移企业与迁入地原有企业之间的信任机制,让双方企业更加愿意分享自身相对拥有的比较优势,获得高质量互动,促进集群企业互相知识溢出,降低成本,提升创新能力,并最终获得较高竞争优势。同时,知识转移在集群企业关系嵌入性、结构嵌入性中发挥了重要的中介作用,即良好的关系嵌入性能够提高集群网络企业间知识转移的有效性,而有效的知识转移所能带来的先进技术知识、创新资源、成本节约等又加强了企业在迁入地网络中更加深入的关系嵌入,二者相互促进强化迁移企业嵌入迁入地网络。

二、“外来者劣势”激发学习与适应

在迁入地进行网络嵌入后,迁移企业应积极克服“外来者劣势”,对于迁移企业来说,“外来者劣势”是阻碍其迁移后成长的重要因素。

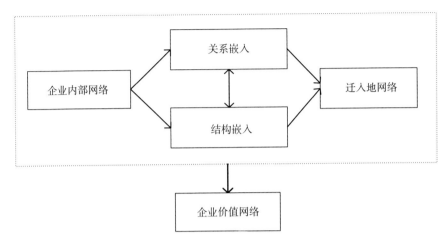

图 7-2　迁移企业价值网络的形成机理

"外来者劣势"(Liability of Foreignness)由 Zaheer 在 1995 年提出[1],是指跨国公司在海外经营中比东道国本土企业多承担的一切额外成本,包括经济成本与社会成本。

虽然"外来者劣势"是根据跨国公司在海外市场经营时所遇到的一系列问题提出的,但是与跨国公司的迁移现象类似,国内企业在迁移至异地时同样会遇到"外来者劣势"问题。

企业迁移所面临的"外来者劣势"问题主要体现在两个方面。

一是迁移企业与本土企业之间存在信息不对称带来的逆向选择问题。在信息不对称情况下,拥有更多市场信息的本土企业可以利用迁移企业信息相对缺乏,使市场的交易结果更加符合自己的利益,当迁移企业发现自身处于不利局面后又难以及时地进行市场调整,增大了企业的经营成本,影响了企业迁移后的绩效。

二是迁移企业在迁入地从事生产销售活动存在经营合法性的问题,企业

---

① Zaheer S,"Overcoming the Liability of Foreignness", *Academy of Management Journal*, Vol. 38(2),1995,pp. 341-363.

迁移前后区位在政治环境、市场秩序、环境保障制度、法律体系以及企业的环保意识等方面可能存在着差异,那么迁移企业在迁入地的经营活动就可能会遇到一些问题,而且由于企业刚迁入目标区位,在当地的品牌认识度不高,也会影响消费者对企业产品的接受度。

为了克服这些劣势,迁移企业就要积极与当地政府进行信息上的沟通[1],及时了解政府在自身经营领域颁布的新的政策法规,建立良好的政企关系,同时主动与本土企业在商业上开展广泛深入的战略合作,促进企业融入当地的企业文化之中,与同行建立友好的伙伴关系,迁移企业的这些学习与适应,一定程度上激发了企业的快速成长。

另外,从国内的现实情况来看,迁移企业在获得外来者劣势的同时,也往往同时获得外来者优势。这些优势既包括各地政府为了招商引资,对新迁入企业往往给予更加优惠的土地与税收优惠政策等,也包括迁入企业在资本、技术与管理上相对于本地企业的优势。外来者优势在一定程度上也会全部或者部分抵消"外来者劣势"。

因此,从短期来看,"外来者劣势"是企业发展的障碍,但是从长期来看,迁移企业往往会在发展压力激发下,更快地学习与适应、更快地促进技术研发、更快地发展市场、更精细地提高管理绩效,从而更快地促进企业成长。

Lu 和 Beamish(2010)[2]在研究跨国公司对外直接投资活动与企业绩效的关系时发现,投资绩效在投资之初会下降,但随着"外来者劣势"降低,绩效会慢慢提高。表明通过学习和适应,跨国公司日益熟悉当地环境,降低了信息获取成本,企业面临的"外来者劣势"逐步减少与消除。

---

[1]　吴波:《企业—区位共演视角下的企业迁移过程实证研究》,浙江工商大学出版社 2016 年版。

[2]　Jane, W, Lu, et. al., "The Internationalization and Performance of SMEs", *Strategic Management Journal*, Vol. 22(6-7), 2010, pp. 565-586.

三、人力资源的整合与再利用

　　企业迁移对于企业来说是一场经历时间长且涉及范围广的重大变革,是公司人力资源管理面临的新挑战,也是公司获取竞争优势的一种战略。在迁移过程中,迁移企业需要建立符合整合目标的、柔性的人力资源整合战略,重视其区位调整时的人力资源问题,旨在引导组织内各成员共同朝着组织的目标奋力向前,从而达到规范成员行为态度、提高组织工作效率的目的。具体说来就是运用组织激励、组织文化、组织制度等一系列手段,使组织内各成员在目标、远景和价值观等方面逐步保持一致,形成高凝聚力的团队,从而促进成员之间的共同提升。通过协调组织内各成员的目标和行为,尽可能地调动成员的人力资本潜能,并最大限度地将其凝聚和转化为企业的整体竞争优势。

　　迁移企业区位调整过程中,面临着企业人力资源的重新整合与再分配,原区位部分老员工会由于家庭、生活、文化适应以及社会交往等原因,未必会跟随企业一起迁移,新员工由于业务流程的不熟悉以及对企业文化的不了解,可能工作效率低下。同时,迁移企业也会在区位调整中丧失部分老客户、生意伙伴、良好的政企关系等社会资源。

　　因此为了实现企业迁移前后的平稳过渡,企业必须尽快完成人力资源的整合与再利用工作,消除员工对未来工作规划的疑虑,挽留老员工,并培育新的中坚力量。

　　对于在公司已经工作多年的老员工,特别是工作能力出色、经验丰富对公司有突出贡献的优秀员工,企业应该采取奖励措施鼓励他们随公司一起搬迁,并承诺给予丰厚的奖金回馈和公司分红,为员工子女教育提供保障等。老员工的随迁不仅有利于公司迁移后的正常运作,由于老员工对企业业务的熟悉,也防止了对企业原有市场资源特别是大客户的大量流失。对于新员工,注重培养对企业文化的理解,采用高标准要求,使员工了解企业的发展目标和战略,进而把他们的行为引导到适合公司发展的方向上来,对工作突出的员工给予一定的业绩奖励。

　　企业迁移所带来的变革,正如大浪淘沙,一方面沉淀下来的是忠诚度、企业文化认同度高的优秀员工,另一方面也为企业吸纳大量优秀的、富有活力的新员工,为企业发展注入了新鲜的血液。通过奖励和激励机制来增加新老员工对企业的归属感和认同感,随着他们工作绩效的不断提高,企业也就获得了持续成长。

第八章　企业迁移的区域效应

随着市场经济的不断发展,企业迁移呈现出跨区域、群体性迁移的趋势。企业迁移对区域经济发展与产业结构调整有多方面的影响。

第一节　企业迁移与区域经济发展的互动逻辑

企业迁移与区域经济发展存在逻辑联系。企业迁移是产业转移的一种微观表现形式,产业的转移推动区域经济发展转型。同时,区域经济的发展与转型升级也会推动产业转移的发生,从而促进企业的迁移。

首先,区域经济的发展受经济周期与产业周期的影响。每一次的经济周期与产业周期背后,都是新一轮的产业更替与结构升级。产业的更替与升级,一方面需要本地产业的培植,另一方面需要产业转移的支撑。产业转移在微观层面上的表现就是企业的规模性迁移。

其次,随着企业迁移大规模发生,全国范围的产业转移得以实现,人才、技术、资源等要素必然会在区内或是区际进行流动,当这种流动达到某一程度时,将改变整个区域经济结构的布局。因此,区域经济发展中必然经历宏观层面的产业转移以及微观层面的企业迁移,而这些规模性的变迁恰好是区域经济发展与突破的驱动力。产业转移是影响区域经济发展的重要因素之一,而

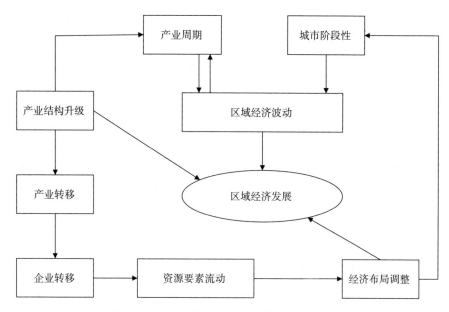

图 8-1　企业迁移与区域经济发展的逻辑关系

产业转移的微观基础便是企业的迁移行为,两者相辅相成,共同带动了迁入地与迁出地的经济发展。

　　企业迁移对于区域经济发展的正效应是显而易见的,但同时也不能忽略其所带来的负效应。

第二节　企业迁移对区域发展的正效应

一、产业升级效应

　　企业迁移无论是对迁出地区还是迁入地区来讲,都有产业升级的效应。对于产业处于高梯度的迁出地区来讲,外迁企业大多是在本地区处于竞争劣势的企业。随着高梯度地区经济的发展与竞争环境的改变,资源紧缺与劳动力成本的上升逐渐成为这些地区发展的瓶颈,原来处于领先地位的企业不再具有竞争优势,只能迁移到资源更丰富、更具比较优势的低梯度产业地区。企业外迁一方面直接转移了低层级产业,另一方面也为高层级产业的培育与成长留出了空间,并为吸引高层级产业的迁入创造了条件。通过这一过程,实现了迁出地区的产业升级。

而对于迁入地区而言,由于产业梯度的存在,这些地区往往发展相对落后,自然资源与劳动力等生产要素相对丰富,但资本、技术短缺,产业发展水平低。高梯度地区企业的迁入,可以带来大量的资本与技术,使得迁入地区能够快速积累发展所需的紧缺生产要素,促进就业,推动迁入地区的经济增长,加快迁入地区产业的换代与升级。

二、产业联动效应

通过企业在区域之间的迁移,可以带来区域间产业链的重组和产业之间协同与联动。特别是当企业将不同产品的生产、研发与销售等环节迁移到不同的区域,通过市场错位,资源互通,优势互补,可以带来不同区域之间的横向合作,形成同一企业跨区域的产业联动效应。

另外,某几类资源相近的企业通过迁移聚集在一起,形成优势产业的集群,可以产生凸显的优势。特别是当行业中龙头企业迁移到某一地区后,一方面会产生配套效应,带动与之配套的相关企业跟随迁入,另一方面又会通过示范效应,影响同类企业的加盟形成产业集群,从而在不同区域形成专业化的生产与分工,通过专业化生产进一步促进不同企业在区域之间的产业联动与协作。

三、技术溢出效应

技术溢出是一种外部经济效应。企业迁移中的技术溢出效应指的是企业在实施迁移后,其先进技术被迁入地区相关企业模仿、消化、吸收,从而导致迁入地区产业的技术进步,并由此带来经济增长。一般而言,技术溢出效应通过三个渠道实现。

1. 竞争效应。即企业的迁入加剧了承接地区的市场竞争,迫使其他相关企业不得不更高效地使用其资源与技术,从而提高生产效率。

2. 示范效应。即企业的迁入为承接地区企业提供了接触先进技术的机会,当地企业通过与技术先进的迁入企业的接触,总结和汲取迁入企业经验,既可以提高技术水平,也能够减少试错成本。

3. 员工流动效应。一般而言,迁入企业拥有更先进的管理制度与理念,员工在技术水平与管理经验上也优于本土企业员工,通过员工在迁入企业与本土企业之间的流动,员工掌握的先进技术也会随之转移,从而产生溢出效应。

无论哪种途径,都将促进迁入地区企业技术水平的提高,有利于推动迁入区域经济的进一步发展。

四、政策革新效应

地方政府吸引外地企业迁入,这也就意味着企业迁移能够推动政府改革和创新。一旦某个地区的投资环境制约了企业的发展,那么企业就会选择跨区域的迁移。最终的结果就是促使当地政府进行改革,良好的投资环境是这一切的基础,其中包括清除资本流入的障碍,基础设施的建设,建立良好、完善的法律法规体系等,从而降低企业的商务成本。

第三节　企业迁移对区域发展的负效应

一、迁入地区的发展锁定

在目前各地政府招商引资政策的压力下,一些地方政府为了追求招商目标的实现,往往对引入的企业不加分辨,对哪些企业适合在本地区发展并没有清晰的定位与考虑,对前来投资的企业缺乏甄别与遴选机制,而是奉行一路放行的原则。但是除了机会诱发型迁移,迁移企业往往属于发达地区的淘汰产业,还有一些迁移企业仅将落后设备、淘汰装备移至承接方,而其产业高端生产技术仍保留在原高梯度地区。这些企业的大规模迁移可能使承接地区处于垂直分工中产业链与价值链的低端,不仅不能带来技术进步,还有拉大输出地与承接地技术差距的威胁。

因此,迁入地区在承接企业迁移时,应结合引进的先进技术,立足自身技术的开发,否则,会成为转移地企业转移衰退产业和技术的长期对象,这会使承接地长期处于产业链中低端的受制地位,并使得地区发展陷入锁定的风险。

二、迁出地区的产业空心化

产业空心化指由于核心企业的转移而发生的产业断裂或地区空白现象。产业空心化常常表现为某地大型企业特别是核心企业外移,一方面使得原企业部分员工失业,短期内难以适应新的就业,带来地区经济发展速度的下滑。另一方面也会导致原地区与之合作、配套、外包的中小企业生产萎缩,失业增加,甚至出现倒闭等情况。当发达地区由于政策原因强制不符合本地区发展的企业外迁时,会引起大规模的行业性外迁,如果没有伴随新的高层次产业的同步介入,就很容易导致区域内暂时的产业断裂与空心化。

三、污染转移

污染转移是指经济比较发达的地区通过产业转移将污染转移给其他落后地区的行为和情况。在企业迁移的过程中,迁移企业由于受到原地区环境保护与监管的压力,将企业整体或一些污染较高的生产部分迁移到在环保、污染治理方面还没有相应的意识以及限制措施的欠发达地区,使得污染随着企业的迁移而发生转移。

近几年来,污染转移现象在中西部欠发达地区吸引外资的过程中经常出现。企业为了自身的短期利益牺牲了迁入地的社会利益,对生态脆弱的欠发达迁入地的环境造成严重的危害。同时欠发达地区由于资金、技术限制等原因,对环境治理往往束手无策。从长期看,并不利于迁入地的可持续发展。

四、产业同质化

为扶持产业发展,提高区域竞争力与综合实力,各地政府都将招商引资作为其重要抓手。地方政府优厚的招商政策,在吸引了大量企业迁入的同时,也带来了产业同质化等问题。由于各区域之间的竞争,发展相对落后的地区很难做到招商选商,从而带来偏离主导产业方向的盲目引进的问题,对引进的企业类型与企业缺乏筛选,对不具有引进条件的企业超前引进。结果是尽管各地有不同的主导产业,但引进的产业往往高度雷同,背离地方产业的特色化,产业同质化严重。而且由于产业缺乏特色,一方面加剧了区域之间的竞争,另一方面也使得产业的集群化发展难以实现。因此,各地政府应立足自身实际,根据区域特点与自身发展阶段,发展优势产业,吸引符合本地发展的企业迁入,避免产业的同质化。

第九章　企业迁移的空间引导

　　企业迁移对区域间产业结构的变动起到了重要的作用。为了实现地方产业结构的优化升级与区域间经济的协调发展,不仅应使企业置于市场"无形之手"的推动下,更应利用政府"有形之手"对企业跨区域迁移进行合理引导,避免资源在空间上的错配与经济效率的损失。

　　政府所制定的政策是企业进行区位选择的重要考量,同时企业的区位选择与布局也会影响到政府产业发展政策的实施,这种互动关系印证了政府在企业迁移行为中的重要作用。因此,考察政府引导企业迁移行为的政策,对企业的健康发展与区域经济质量的提升有重要的理论与现实意义。

　　本章基于政府层面提出企业迁移空间引导政策,为政府制定政策提供支撑。

第一节　完善政策体系增强企业迁移信心

一、加强政府组织领导

　　各级政府成立领导小组,切实加强组织领导,对企业迁移项目作出统一的部署和科学的决策,并对实施过程中的有关问题及时提出解决方案;落实各部门工作责任,完善工作机制,各部门按照职能分工,制定具体工作措施。明确职能分工、细化工作方案,加强配合联动。加快贯彻落实关于并联审批的有关规定,简化项目审批、核准和备案有关手续,提高项目审批效率。对计划迁入的高品质企业或项目采取一事一议、专事专办的方式,提高政府行政效率,限期办结。认真执行国家和省赋予各类产业区的管理权限和优惠政策,依法保障入驻企业的合法权益,保证各项政策措施落实到位,加快推进项目实施。

二、制定科学企业迁移规划

为了支持和鼓励企业迁入与迁出,各级政府应不断强化政策支持,积极完善企业迁移政策支持体系建设。

其一,各地政府应根据自身产业发展规划与定位、产业发展基础、产业结构水平、市场容量、自然资源现状与生态环境现状,科学制定具有针对性的企业迁移引导规划,确定地区具体的产业布局与企业集群布局。

其二,各地政府需要对不同品质企业推行差异化政策,严格执行区域准入机制,禁止不符合地区发展方向或低品质企业入驻,严格控制高污染、高能耗与高排放企业的迁入,同时要努力鼓励和吸引外地高品质企业迁入,利用高品质企业吸引其产业链上下游相关企业,形成高品质企业序贯迁入的良性循环。

其三,各地政府要积极挖掘其他地区基本信息,如政府相关政策、土地资源、市场前景或是劳动力资源等,为本地低品质企业迁出提供保障,提高本地迁出企业市场竞争力,缓解本地人力资源与土地资源等方面的压力。同时,本地政府还应与其他地区政府建立协作关系,定期开展经济座谈会,鼓励企业要素在区域间进行流动,提高资源的有效配置率,实现迁入地政府、迁出地政府与企业三方的共赢;各地政府对于迁出与迁入企业要建立跟踪制度、协调制度、监管制度与回访制度,帮助企业尽快融入迁入地区,提升企业迁移质量与效率。

最后,各级政府要把握好企业迁入与迁出的节奏,避免产业空心化现象的发生。在本地资源尚且充裕时优先迁入高品质企业,利用政策倾斜的手段保证高品质企业尽快融入企业集群,体现自身价值;当本地资源相对不足时,政府侧重点应在于迁出低品质企业或不符合本地发展方向的企业,为与本地经济发展匹配度更高的企业提供迁入空间。

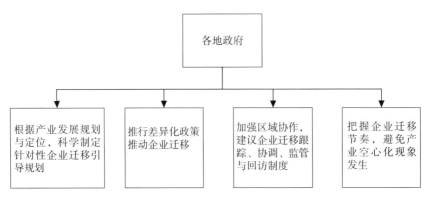

图 9-1 合理引导企业迁移主要手段

三、落实企业迁移政策措施

各级政府要紧抓国家政策的发展机遇,并积极争取来自于国家层面的在投融资、金融信贷、土地税收优惠与人才引进等方面的政策支持,同时也要对接好上级政府的地方发展规划、产业布局规划与产业调整实施方案。对已出台的产业园区发展规划、企业迁移专项资金管理方法、建设用地规划与各类金融支持方案等密切影响企业迁移行为的政府政策要严格落实到位,定期与企业家展开经济座谈会,吸收采纳企业家的合理反馈与建议,打造效率高、服务周到、公正透明的政策支持平台,为顺利推动企业迁移提供强而有力的政策支撑。

四、加大力度推动政策创新

各级政府要积极完善地区承接企业迁移的专项政策与区域软硬设施建

设,改善区域投资环境,提高企业承接的综合配套能力,大力支持企业技术创新与产品工艺改造,提高政府专项资金使用效率。不断推进制度创新,在土地税收政策、金融信贷政策、外贸政策、招商引资政策与人才引进政策等方面加大政策创新,强化企业迁移政策引导作用,为企业有序迁移提供良好的环境支撑与制度保障。

创新建设经营体制。遵循"政府引导、市场运作"的指导原则,立足用好政府配套引导支持资金、企业发展建设资金和社会融通资金,保证规划期内投资建设任务顺利完成。完善并创新项目动态调整、滚动推进的机制,深化前期研究论证,规范手续办理,提高审批效率,加强协调调度,强化项目的可实施性和带动性。围绕项目建设,建立重大项目领导小组,完善创新相关部门联动机制,着力协调解决项目实施过程中的重大问题。

创新监督保障机制。制定并落实领导分包重点项目责任制,分包领导及时跟踪产业项目建设进度,协调解决项目规划、引进和建设中的实际困难问题。建立并创新产业发展工作考核制度,定期、不定期对项目责任人和相关主要领导进行工作业绩考核,并制定相应的奖惩机制。

第二节 打造承接载体加强企业迁移平台保障

一、加强产业园区载体建设

企业集群是某一行业内的竞争性企业与相关合作企业、供应商、高校、科研机构等组织聚集到某特定地域的现象,而产业园区正是地方承接企业集群的一大载体。

在引导企业迁入时,各地政府首先需要完善产业园区的发展规划,立足本地的资源基础、区位优势与产业发展方向,对产业园区的功能进行明确定位,最大化利用土地进行产业布局,保障建设项目用地,提高企业生产经营效率。

其次,要加大财政投入力度,为产业园区的建设提供财政、税收与信贷等多种优惠政策,努力完善产业园区的基础设施配套(如水电、医疗、通信、教育、物流、休闲娱乐等设施),优化产业园区生产生活环境;制定规范的产业园区管理与监督条例,提高产业园区综合治理能力,为园区企业发展夯实基础。

再次,要推进以大型企业、企业集团为核心的集群式转移,依托经济区的政策优势承接企业集群,以产业园区为载体、产业链条为纽带加强企业与园区之间的联系,并加强建设以技术研发、品牌创意为基础的创新体系。

最后,要积极培育具有特色的产业园区,发挥比较优势,提高产品市场竞争力,加强上下游产业的联系,拓宽主导产业链;加强对产业园区的资源整合,创新产业园区发展方式,推行"一区多园""园中园""区中区"等规划;培育一批示范性产业园区,带动其余园区升级改造,提升产业园区企业整体竞争力。

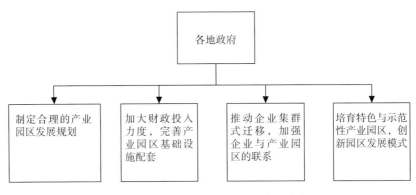

图9-2　企业迁移承载体建设主要途径

二、加强生产基地载体建设

生产基地是产业高度聚集区,也是一个区域经济发展的源泉,对推动企业迁移发挥着十分重要的载体作用。各级政府要积极采取各项措施加大各类生产基地建设,夯实承接企业迁移的工业基础。依托现有的生产基地加大建设力度,配合国家战略与国家重要工程项目,积极发展产业链配套产业,吸引相关企业迁入,拓宽产业链。发挥利用地区龙头企业的规模优势、行业领军作用与开发区的资源政策优势,提高企业生产能力,加强产业创新、企业自主研发与产品升级换代,推进产业结构调整,优化区域资源配置。

三、加强城市群载体建设

城市作为企业的载体,不仅关乎企业的迁移决策,也对企业的成长发展有着重要的作用。各地政府要高度重视城市的功能建设,不断推动城市化与新兴工业化进程,充分发挥地域性资源优势,发展适合本地发展方向的产业,优化产业结构。城市群中心城市要大力发展总部经济、先进制造业、高新技术产业与现代服务业,将自身打造成为城市群的增长极,发挥辐射带动作用;同时也要突出副中心城市的功能性作用,增强城市之间的纽带效应;其余城市要紧密配合中心城市与副中心城市的发展,结合自身发展环境与资源优势,有目标、有门槛、有秩序的承接中心城市与副中心城市的落后产业企业,实现区域之间的协调发展,为企业迁移提供良好的城市群载体与生产经营环境。

加强城市群内部城市之间的协调与合作,重点发展吸引一批特色企业集聚,形成特色企业集群,推动跨城市产业经济带的建设,形成以城市群中心城市为龙头、中小城市为辅助连绵发展的城市群格局。与此同时,要不断推动城市群之间的联动,加大政府引导与财政投入力度,努力打破地区贸易壁垒,消除地域偏见与市场准入门槛,明确区域产业分工与合作,避免重复建设,引导企业资源合理有效跨区域流动与配置。

第三节 优化承接环境提高企业迁移收益预期

一、大力推动企业迁移硬环境建设

硬环境指基础设施建设中为创设良好的投资环境建设的交通、电力、通信、供水、工业厂房等基础设施和生活服务设施,其具有显著的外部性与空间溢出效应。

首先,各级政府应加大区域内铁路运输、公路运输、航空运输与水路运输等交通设施的资金投入与政策支持,提高建设速度与质量。继续建设已有的各类交通设施项目,积极开发具有一定投资效益的新项目,提高各种运输设施的通行能力。同时,当地政府要紧密结合国家交通设施建设规划,加强与周边地区的紧密联系,消除地方保护主义,打通与其他城市群以及重要交通运输枢纽的通道,加强与完善区域间协作机制,努力构建以本地交通设施为基础、能够辐射周边的快捷便利、功能齐全、布局合理的综合式交通运输网络。

其次,在电力方面要充分发挥当地资源优势,建设本土受端电网配套工程与特高压输变电工程,提高全域输配电能力,加强与周围城市的联系,在电力运输方面互相扶持、通力协作,努力打造跨区划的电力网络系统;在水力资源方面,要做好各业供水协调,合理开发,优化配置水资源满足工业用水需求。在天然气方面,要做好天然气支干线官网的铺设,提高区域内天然气的调配运输能力,给予企业生产经营活动强而有力的能源保障;在通信设施建设方面,要加快光纤网络建设力度,全面提升光网支撑能力。深化 5G 网络覆盖范围,提升移动宽带网络质量。

再次,各级政府应在强化现有物流基地建设的同时,要积极开拓兴建新的物流集散中心,构建区域性物流平台,建设大型物流配送中心、示范性物流园区,降低企业区域间运输成本。此外,各级政府一方面应联合相关部门共同出台鼓励物流新业态的发展(如租赁小微型客车、"互联网+物流"等)的政策规划,加大政策扶持力度。另一方面可以尝试性地取消部分公路车辆通行费与营运车辆二级维护强制性检测,降低、调整与规范港航企业经营服务性收费,切实减轻企业负担,降低交通物流成本,吸引更多企业入驻产业园区;努力完善并加强物流业与制造业的产品衔接,加强物流业与其余产业的互动,构建多功能、高效率物流服务平台。

最后,各级政府在加大有利于企业集群迁移的公共品与准公共品投资的同时,更要完善承接企业迁移的产业园区基础设施和居住、教育、医疗与休闲等配套设施建设,提高管理的精细化水平,科学制定工程施工与交通组织方案,创建"政府—企业—高校"三位一体的产学研方式。

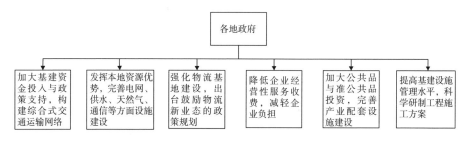

图9-3　区域硬环境建设主要途径

二、营造高效便捷的政府服务环境

政府行政效率与配套服务能显著影响企业商务成本,是影响企业迁移区位选择的重要因素之一。《2016中国地方政府效率研究报告》将政府公共服务、政府规模、居民经济福利、政务公开等影响省级政府行政效率的重要因素纳入考量指标,按照排名由高到低依次呈现出"东部—中部—东北部—西部"的阶梯式分布,侧面印证了省级政府行政效率排名与区域经济社会发展水平呈正相关性。

《报告》结果体现了政府行政效率与配套服务的重要性。第一,迁入地政府应裁减冗员、取消不必要的部门,加大机构整合力度与行政体制改革,切实提高政府办事效率与服务水平。

第二,政府各部门要明确自身职责,创新改进工作方式,加大自查与监督力度,保证政府业务的透明化与工作人员的规范化,杜绝违法违规办事现象的发生,打造阳光政府与诚信政府。

第三,要尽量减少政府与企业业务的中间环节,推行"一站式服务"模式。利用"互联网+"服务强化信息共享,减少企业项目的审批时间,适度下放各类项目的审批权,简化项目审批程序,设立材料审查结束时限,进行行政审批制度的改革;明确行政职责,完善并创新行政监督机制;构建竞争开放的上岗机制,明确奖惩制度,营造积极向上的行政环境氛围。

第四,各级政府要建立健全多种法律法规、完善市场监督制度,规范市场交易原则,鼓励行业协会等第三方机构对市场进行监督,并对触犯法律的企业给予巨额罚款,避免企业间恶性竞争现象的发生,从而起到维护市场秩序、营造企业健康成长氛围的作用。

第五,各地政府应制定合理的市场准入机制,打破行政区域间的贸易壁垒,建立统一的大市场,加强区域间的贸易合作,加大政策的宣传力度与执行力度,建立健全开放市场的法律规范体系。加大对民营企业的市场开放,降低行业准入门槛,营造国有企业、外资企业与民营企业公平竞争、规范发展的市场环境。此外,各级政府要不断完善区域市场经济体制,加强区域间经济协作,在不扰乱市场的前提下对市场秩序进行整顿。健全并创新各项法规与制度,为企业迁移营造一个公平、公正、良好、健康的市场环境。

三、加强人文软环境建设

人文软环境的建设主要包括对个人成就感的提升、区域文化的塑造、企业家乡土情结与企业家精神的培养上。努力改善本地社会文化环境,形成稳定、

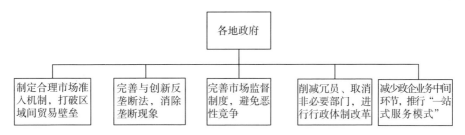

图 9-4　优化政府服务环境基本途径

奋进与积极向上的区域软环境,对于留住本地高质量企业、吸引外地优秀企业有重要作用。

　　个人成就感是愿望与现实达到平衡所产生的一种心理感受,这种感觉可以在公共场合的分享中得到放大。各级政府可以把握个人成就感的特点,通过一些奖励性手段(如荣誉称号、奖章等)提升企业家个人成就感。对于迁入地政府而言,可以设立一些象征性的名誉称号,如"杰出企业家""优秀企业家"与"杰出青年"等,并在公众场合公开表彰,用以吸引对名誉有一定偏好的外地企业家,同时也可以满足本地企业家的个人成就感。这种公开表彰带来的效果具有持续性与扩散性,同时,往年评出的各种称号也具有示范性,会激励更多企业家迁移与奋进,使整体经济环境充满活力与朝气;对迁出地政府而言,同样可以为计划迁出企业设立各种头衔,如为高污染、高能耗、高排放企业的决策者颁发"环境保护先锋"的奖章,提升其个人成就感,变相降低迁移成本,减少政府与企业矛盾发生的可能性,使迁移过程能够更加顺利地进行。

　　每个城市都有自己的文化内涵与历史渊源,这也是部分企业选择迁入地的依据之一。这种区域性文化作为地区人类生活要素形态的表现形式,具有较高的商业价值。各级政府应注重本地文化的普及与弘扬,打造当地文化名片,鼓励引导本地或外地企业家围绕当地文化生产产品,扩宽文化产业链,以文化为纽带、产品为核心拉近区域、政府与企业三者之间的关系。不断提升区域品牌形象,利用地区特色品牌用以辅助企业产品的打造,例如浙江海宁的皮革业,江苏镇江的醋业,都是区域品牌与企业产品结合的成功案例,值得各地政府学习借鉴。

作为一种人类与生俱来的情感,对家乡的思念与感恩使得许多企业家在创业成功后,选择在故乡扎根,发展、回报故土。因此,对于意图吸引优质企业的迁入地政府应合理利用这种乡土情怀,运用新闻、广播、报纸、网络新媒体等宣传途径,激发全国各地本土企业家的乡土情结,引导这些企业家迁入或设立分部、工厂等职能部门;而对于意图迁出故土的企业家,乡土情结无疑是阻碍企业产生迁移行为的一大难题。对于不具备比较优势或不符合地区发展方向产业的企业,迁出地政府应主动约谈企业家,动之以情、晓之以理或许之以利,引导企业家克服乡土情怀的阻碍,主动将企业迁移到适合其发展的区域。

2017年9月25日,《中共中央国务院关于营造企业家健康成长环境弘扬优秀企业家精神更好发挥企业家作用的意见》正式发布,举国上下的企业家欢呼雀跃,这是新中国成立以来首次由中共中央和国务院出台的关于企业发展的文件,象征着企业家群体受到党和国家的肯定与鞭策,为企业家树立了信心。企业家是对经济潜在价值与价格信号最为敏锐的一类人,他们敢于冒险,敢于寻找发展机会,进入新市场,创造新产品、新材料、新工艺与新方式,能通过优化资源配置的方式带来经济效益与质量的大幅增长。企业家精神作为创新的火种,各级政府应激发、激励与保护企业家的冒险精神、创新精神、责任精神,营造让企业家健康成长的经营环境,利用产权法保护企业家的经营成果与知识产权,减少政府对企业活动的干扰,加强政府与企业的交流与联系;弘扬提倡企业家精神,扶持、培养、尊重企业家,为企业家经营创造良好的心理预期。

四、加大监管力度保护生态环境

环境保护与经济增长之间存在着一些矛盾问题,我国目前很多地区的环境保护工作落后于经济发展的步伐。一段时期以来,一些地方政府为保证经

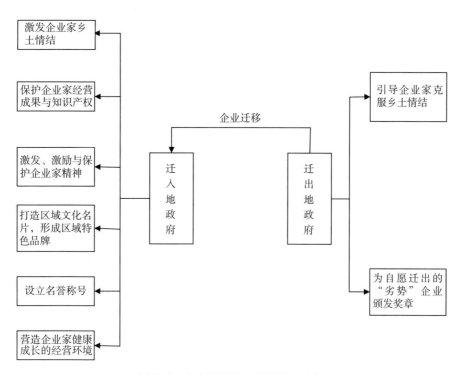

图 9-5 人文软环境建设的基本途径

济的快速稳定增长,在招商引资过程中盲目承接产业,在经济快速发展的过程中,也给环境带来了较大的破坏,大气污染、河流污染与森林破坏等问题严重,地区环境的保护逐渐受到各地政府的重视。党的十九大提出了要加快生态文明体制改革,建成人与自然和谐共生的美丽中国的战略。因此,各地政府在招商引资与引导企业迁出时,要严格执行国家政策,并根据自身环境承载力设置差异化的环境门槛,提高对承接企业、新项目的环保要求,发挥政府的宏观调控作用,实现经济发展与环境保护的协调统一。

从 2017 年生态环境公报中可以发现,虽然我国各方面生态环境状况正在不断改善,但问题仍然较为突出,地市级及以上城市中仅有 29.3% 的城市空气质量达标,环境保护工作任重而道远。

工业作为我国能耗最大、污染排放最多的产业,过去大多分布在东部沿海地区,如今东部沿海地区劳动力、土地租金等要素价格大幅上涨,产业结构也亟须优化调整,工业企业往往会选择从东部发达地区迁移至企业运营成本相对较低的中西部地区。对于这类"三高"企业,迁出地政府应严格控制其新增产能,引导并激励企业参与环境治理,重视把握经济与环境之间的平衡点,对未达标企业给以经济方面的惩罚。健全并创新环境监管体系与制度,加大对生态环保技术的研发支持和资金投入,并加以推广,大力发展低碳经济与循环经济,运用环境税、生态补偿机制、排污权与差别水电价等政策工具挤出不符合当地环保与能耗标准的企业,缓解区域内资源与环境约束的矛盾,降低企业与地区经济发展对环境的压力。对迁入地政府而言,首先需要根据生态环境承载力设立准入门槛,不能仅追求 GDP 的短期增长而忽视环境破坏的长期效应。明令禁止不符合国家环保标准的污染性企业迁入,对使用落后淘汰生产设备的企业进行行政处罚,加大对绿色技术研发的政策支持与资金支持,对废弃物综合利用率高、生产清洁的绿色企业进行补贴。此外,各地政府应共同构建跨区域性的协同减排环保机制,东部地区向中西部地区提供节能减排环保的理念、技术与人员,中西部地区具体实施,实现全国性的污染治理联动,削弱经济发展与环境保护之间矛盾的破坏性。

第四节　促进集群发展提升迁移企业竞争优势

一、制定合理企业集群发展规划

企业集群具有规模效应、知识溢出效应、共享中间投入品与劳动力市场等效应,合理的企业集群能使企业最大化享受企业集群带来的利好,更快地融入地区产业中,实现健康高速发展。

首先,各级政府要根据不同企业集群的定位与分工、不同区位的资源禀赋特性,实行差异化特色发展,避免资源的重复配置。在实行普适性政策的同

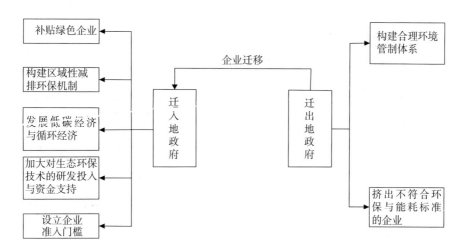

图 9-6　生态环境保护的基本途径

时,对部分优质企业或极具潜力的新兴企业给予特殊性政策,形成政策上的差异性。

其次,要重视主导产业的企业集群发展,培养壮大龙头企业,吸引外地高品质企业,从而带动其他企业共同发展;以产业链为整体、以地方重点企业集群为核心、以企业项目为纽带加强上中下游企业之间进行互动协作与联动发展,发挥上中下游企业优势,优化资源配置,提高企业集群竞争力;支持不同类型企业联动发展,拓宽产业链;定时举办经济技术合作洽谈会,加强各类企业之间的联系,分享企业成功经验,对企业发展提供实践经验支撑。

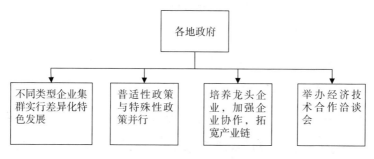

图 9-7　推动企业集群发展主要途径

二、加大金融扶持力度

金融扶持能有效降低企业融资成本,为企业发展提供强有力的帮助,是绝大多数企业家重点关注的指标。然而,部分地区尚未建立起完善的支持企业迁移的金融服务体系与金融协调机制,给有信贷需求的企业设置了较高的信贷融资门槛,导致个别企业很难度过初创期与发展期,只能被迫迁出。因此,为了吸引企业迁入,各级政府应加大对初创企业与经营困难企业的扶持力度。同时,应完善中小企业的信用评价系统、委托金融机构监督企业的资金流向,充分发挥政府应急转贷资金池、中小企业风险补偿基金、融资性担保机构和小额贷款公司等积极作用,有效缓解企业贷款难问题。通过加强政府与金融监管部门的配合与协调,完善社会信用体系,建立完善金融信息交流的体制,加强对风险预警防范与突发风险的应对能力,防范金融风险的发生。

第二,要丰富金融扶持方式。对于迁移企业而言,金融扶贫是影响其迁移的重要因素之一。要引导企业迁入,政府应加强金融产品、金融服务、业务方式等的创新,鼓励互联网金融等新型金融方式的发展。扶持面向中心企业的互联网金融企业发展,鼓励这些企业利用网络支付等形成的海量数据库资源妨控风险,解决金融征信问题,降低交易成本。利用互联网金融拓宽产业园区内中小微企业直接融资渠道、创新区域市场金融产品等。

第三,要积极引导政策性银行与商业银行等多种类型金融机构加大对企业集群的信贷支持力度,研究探索一条"政府引导、开行主投、商行跟进、民资参与、管理规范、市场运作"的重大项目投融资机制,扩宽企业资金来源渠道;吸引外地高品质金融企业入驻产业园区,为园区其他企业提供专业化服务;加强政银企合作,构建新型"铁三角",充分发挥金融机构服务实体经济的作用。

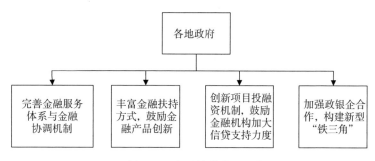

图9-8　金融扶持主要手段

三、大力推动企业自主创新

创新作为第一生产力,对企业发展与区域经济质量提升有巨大作用。各级政府应鼓励企业对高端知识的投入,特别是高端产品的研发、高端设备的投入、高端人才与高端生产线的引进。加大企业研发政策扶持力度与资金支持力度,利用政府技术采购、财政奖励与税收返还等方式对企业研发成果与专利给予资金奖励;推动企业项目合作,加强企业间知识交流联系。

第二,各地政府应为企业营造良好的知识产品创新氛围,建设企业创新创业的平台与载体,为新迁入企业提供项目对接、创新教育、科技咨询等创新服务,建立面向多层次的"孵化+投资+服务"平台。为中小企业推广创客空间、创业咖啡、创新工场等新型孵化模式,为大型企业对接高校、科研院所等研发机构,为企业解决技术瓶颈,为创新提供市场化、专业化、集成化、网络化的服务保障。严格执行知识产权制度,保护企业创新成果不被窃取,激发企业创新动力。同时,要吸引科研机构、高校与企业开展技术合作与产品研发,提升企业集群的自主创新能力。鼓励区内企业向国内外高品质企业学习,加强国际交流,密切关注国际技术发展新动态,加快技术改造,提高企业效益。

第三,坚持创新驱动,培育一批创新能力突出、辐射能力强的高新技术示范企业。利用专业孵化器等载体,鼓励高品质企业给予其他技术支持与人才支持,引领带动整体企业集群共同成长,提高产品竞争优势。

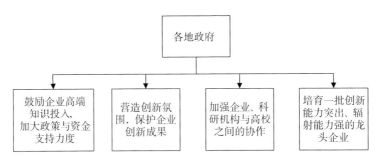

图 9-9　推动企业创新主要途径

四、切实降低企业生产要素成本

首先,要完善土地优惠政策与税收优惠政策。这两种政策是各地政府招商引资的法宝,然而部分地方政府急于求成,忽视国家法律规定,盲目向企业承诺不符合国家政策要求的优惠条件,导致税制的规范性与市场的公平竞争受到了严重的影响。虽然招商数量上去了,但是合作项目质量往往不尽如人意。因此,各地政府制定优惠政策时首先应遵守法律原则,在不影响国家宏观调控政策的前提下给予企业适当的优惠,并定期清理整合优惠政策,使优惠政策满足法定、协调、规范与便利等四项原则,维护市场的协调统一秩序。

对于企业土地成本的降低,各地政府一方面可以实施土地供给保障政策吸引企业。另一方面可以对旧工业区进行改造,迁出不符合地区发展方向的低附加值、土地占用面积大、耗能大的企业或项目,优先发展高端产业,保证高端项目的用地需求,解决建设用地的制约瓶颈问题。其次,政府应合理制定发展规划,坚持集中用地与统筹用地计划,切实减少空置土地与厂方出现的可能性,提高土地容积率与亩均 GDP,降低土地成本。再次,应完善土地出让金的管理与监督制度,采用地方政府与中央政府双重掌握与支配土地出让金的形式,进一步提高土地利用效率并控制土地价格上涨速率。最后,应根据企业特性与发展重点,对不同类型、不同经营状况企业实施差异化土地政策,给予高质量企业更多的用地指标,提高土地的经济效益。

对于企业劳动力成本而言,政府的首要对策应是鼓励支持企业加快产业技术的升级与创新,用提高劳动生产率的方式降低劳动力的相对成本。其次,政府应合理改善税制与费率结构,控制通货膨胀,切实降低市民的生活成本,从而降低工资上涨绝对值与速率。最后,政府应在城镇化的建设进程中,消除劳动力流动障碍,打破地区隐性分割,引导传统农业劳动力向城市聚集,同时对劳动力进行专业培训与技术指导,提升劳动力供给量与质量,降低企业劳动力需求匹配难度,从而使得劳动力成本相对降低。

在自然资源方面,各级政府应合理利用完善基础设施配套、推进资源深加工技术研发等途径来提高资源的利用率,使每单位资源创造出更高的经济利益。此外,政府还应鼓励企业精细化管理资源,引导企业进行存量资源的再利用与冗余资产的跨区域调拨,从而降低区域资源的消耗速率,提高地区竞争力。

人力资本是一个城市创新的灵魂,也是拥有巨大发展潜力的高新技术企业趋之若鹜的要素。各地政府应实施劳动力资源向人才资源转化的战略,并开发各项引智工程、人才安居工程,切实解决人才落户、住房、社会保障等方面的问题,吸引国内外优秀人才进入园区内企业,并健全知识产权保护体系,促进知识流动,放大知识溢出效应。第二,要加快专业队伍建设和人才培养,从健全激励机制入手,积极与国内高等院校和科研院所建立合作关系,建立培养、吸引、使用人才的新机制,创造良好的人才环境,逐步建立适应市场经济和产业发展要求的人才引进、选拔和使用机制,鼓励院校培养学生动手能力、实践能力与创新能力,提倡"干中学"精神。第三,提供专项资金补贴企业,引导企业加强对自身员工的培训,对具有探索性精神的创新型人才重点培养,提高企业队伍综合素质。第四,要优化企业员工生活与工

企业迁移意愿与空间引导政策研究

作环境,提升企业凝聚力,加强企业员工归属感,为人才发挥自身价值提供物质与精神支撑。

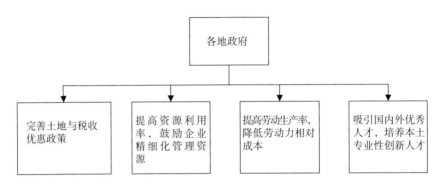

图 9-10　降低企业成本主要途径

参 考 文 献

1. 安礼伟、李锋、赵曙东：《长三角 5 城市商务成本比较研究》，《管理世界》2004 年第 8 期。

2. 白玫：《跨国公司的国际迁移战略研究》，《河南师范大学学报（社会科学版）》2003 年第 2 期。

3. 白玫：《企业迁移的三个流派及其发展》，《经济学动态》2005 年第 8 期。

4. 白玫：《企业迁移研究》，南开大学 2003 年博士学位论文。

5. 白玫：《中国企业总部迁移理论与政策研究》，经济管理出版社 2016 年版。

6. 蔡春萍、韦素琼、陈松林等：《中小企业迁移：滞后性及其制约因素——基于晋江市安海镇的实证分析》，《经济地理》2014 年第 10 期。

7. 陈伟鸿、王会龙：《企业迁移的理论基础及其演变脉络》，《经济评论》2007 年第 3 期。

8. 陈伟鸿：《浙江民营企业跨区域迁移的"根植性"策略》，《商业经济与管理》2008 年第 8 期。

9. 陈志雄、任国良：《集群演化、企业迁移与制造业集群升级——以慈溪家电产业集群为例》，《南通大学学报（社会科学版）》2014 年第 6 期。

10. 储德平、伍骏骞、卫龙宝：《区域分异视角下乡村企业入城意愿分析——基于浙、豫、川三省 193 家企业的实证研究》，《中国人口·资源与环境》2016 年第 5 期。

11. 德勤：《国企投资东南亚意愿最高》，《中国黄金报》2017 年 4 月 28 日。

12. 范作冰：《浙江丝绸企业迁移意愿影响因素的 Logit 分析》，《丝绸》2011 年第 6 期。

13. 冯俊诚：《所有制、迁移成本与环境管制——来自重庆微观企业的经验证据》，

《财贸经济》2017 年第 4 期。

14. 冯宗宪、黄建山：《1978—2003 年中国经济重心与产业重心的动态轨迹及其对比研》，《经济地理》2006 年第 2 期。

15. 傅晓霞、魏后凯、吴利学：《城市工业搬迁的动因、方式和效果——以北京市为例》，《经济管理》2007 年第 21 期。

16. 郭杰、杨永春、冷炳荣：《1949 年以来中国西部大城市制造业企业迁移特征、模式及机制——以兰州市为例》，《地理研究》2012 年第 10 期。

17. 郝云宏：《企业区位战略决策论》，浙江工商大学出版社 2010 年版。

18. 华金秋、王媛：《深圳企业外迁现象透视》，《深圳大学学报（人文社会科学版）》2008 年第 3 期。

19. 黄彦婷、杨忠、金辉等：《基于社会影响理论的知识共享意愿产生模型》，《情报杂志》2013 年第 6 期。

20. 蒋媛媛：《我国东部制造业企业迁移的趋势及其机理》，《经济管理》2009 年第 1 期。

21. 金晓燕、陈红儿：《企业空间扩张概念内涵新探》，《经济管理》2006 年第 4 期。

22. 李存芳、黄智、汤建影：《可耗竭资源型企业转移行为方式与区位选择规律》，《资源科学》2010 年第 9 期。

23. 李海秋：《高品质集群企业迁移意愿形成机理研究——基于濮院羊毛衫产业集群的实证研究》，《软科学》2013 年第 3 期。

24. 李俊峰、陶世杰、高凌宇：《跨江发展下杭州市企业迁移空间模式及影响机制》，《地理科学》2018 年第 1 期。

25. 李世杰、唐潇丹：《我国电子信息产业集群地区间迁移的研究进展：动因、路径及效应》，《学习与实践》2013 年第 9 期。

26. 李彦军、戴凤燕、李保霞等：《政策因素对资源型企业迁移决策影响的实证研究》，《中国人口·资源与环境》2015 年第 6 期。

27. 李彦军、王婷婷：《我国企业迁移的行业差异性分析》，《中南民族大学学报（人文社会科学版）》2015 年第 6 期。

28. 李彦军、吴迪：《情感因素对企业迁移行为的影响研究》，《管理世界》2016 年第 6 期。

29. 李彦军、谢尚：《企业迁移决策及其影响因素研究》，《中南民族大学学报（人文社会科学版）》2018 年第 3 期。

30. 李彦军：《企业迁移的模式及其区域效应》，《经济界》2014 年第 7 期。

31. 梁育填、樊杰、柳林等:《优化开发区域制造业企业迁移的因素及其区域影响——以广东东莞市为例》,《地理研究》2013 年第 3 期。

32. 林必越:《民营经济总部迁移影响因素与绩效研究》,经济科学出版社 2014 年版。

33. 林小阳:《中小企业迁往欠发达地区的实证研究——以福建泉州市为例》,《科技信息》2010 年第 23 期。

34. 刘怀德、艾斌:《企业迁移的动因研究》,《长沙理工大学学报(社会科学版)》2005 年第 4 期。

35. 刘怀德:《经济发展中的企业迁移》,《财经理论与实践》2001 年第 5 期。

36. 刘可文:《区域政策对企业区位选择的影响机理》,科学出版社 2016 年版。

37. 刘力、张健:《珠三角企业迁移调查与区域产业转移效应分析》,《国际经贸探索》2008 年第 10 期。

38. 刘颖、周沂、贺灿飞:《污染企业迁移意愿的影响因素研究——以浙江省上虞市为例》,《经济地理》2014 年第 10 期。

39. 刘禹君、贺灿飞:《企业迁移微观机制研究——基于四川省成都市周边地区的企业调研》,《商业经济研究》2017 年第 17 期。

40. 潘峰华、夏亚博、刘作丽:《区域视角下中国上市企业总部的迁址研究》,《地理学报》2013 年第 4 期。

41. 钱文荣、乌静琼:《城市化过程中农村企业迁移意愿实证研究》,《浙江社会科学》2003 年第 1 期。

42. 阮建青、石琦、张晓波:《产业集群动态演化规律与地方政府政策》,《管理世界》2014 年第 12 期。

43. 申恩平:《金融危机下的企业迁移行为》,浙江大学出版社 2011 年版。

44. 申勇:《深圳企业外迁现象剖析及政策调整》,《当代经济》2008 年第 3 期。

45. 孙启明、白丽健、彭惠等:《区域经济波动的微观动态基础:企业迁移和产业转移》,《经济学动态》2012 年第 12 期。

46. 覃利春:《我国企业迁移的抉择机制与互动机制》,《当代经济管理》2015 年第 11 期。

47. 唐飞鹏:《省际财政竞争、政府治理能力与企业迁移》,《世界经济》2016 年第 10 期。

48. 王礼茂:《我国纺织工业东、西部合作与产业转移》,《经济地理》2000 年第 6 期。

49. 王思文、管新帅:《企业迁移决定:来自中国工业企业的经验证据》,《天津财经大学学报》2013 年第 4 期。

50. 王夏倩:《区域政策对企业迁移的影响和作用机制——以广东省"腾笼换鸟"政策下的手机企业迁移为例》,《中小企业管理与科技(中旬刊)》2016 年第 3 期。

51. 王业强:《国外企业迁移研究综述》,《经济地理》2007 年第 1 期。

52. 魏后凯、白玫、王业强等:《中国区域经济的微观透析——企业迁移的视角》,经济管理出版社 2010 年版。

53. 魏后凯、白玫:《中国企业迁移的特征、决定因素及发展趋势》,《发展研究》2009 年第 10 期。

54. 魏后凯、白玫:《中国上市公司总部迁移现状及特征分析》,《中国工业经济》2008 年第 9 期。

55. 魏后凯、贺灿飞、王新:《外商在华直接投资动机和区位因素分析》,《经济研究》2001 年第 2 期。

56. 魏后凯:《产业转移的发展趋势及其对竞争力的影响》,《福建论坛(经济社会版)》2003 年第 4 期。

57. 吴波、郝云宏:《中国上市公司总部迁移绩效影响因素研究:迁入地优势及其分异获取机理》,《南开管理评论》2014 年第 4 期。

58. 吴波:《基于集聚优势耗散的集群企业外迁动因实证研究》,《科研管理》2012 年第 11 期。

59. 吴波:《企业—区位共演视角下的企业迁移过程实证研究》,浙江工商大学出版社 2016 年版。

60. 吴波:《区位迁移与企业成长理论与实证研究》,浙江工商大学出版社 2012 年版。

61. 吴波:《中国制造企业总部迁移的目标区位选择——基于泉州鞋帽服装知名民企的案例研究》,《经济地理》2013 年第 9 期。

62. 武前波、宁越敏:《中国制造业企业 500 强总部区位特征分析》,《地理学报》2010 年第 2 期。

63. 许树柏:《层次分析法原理》,天津大学出版社 1988 年版。

64. 杨本建、毛艳华:《产业转移政策与企业迁移行为——基于广东产业转移的调查数据》,《南方经济》2014 年第 3 期。

65. 杨菊萍、贾生华:《企业迁移的动因识别——基于内容分析法的研究》,《地理科学》2011 年第 1 期。

66. 杨菊萍：《集群企业的迁移决策、行为与绩效》，浙江大学出版社 2015 年版。

67. 叶广宇、刘美珍：《企业选址中的区位粘性问题》，《商业经济与管理》2011 年第 1 期。

68. 叶广宇：《中国民营企业总部选址研究》，经济科学出版社 2014 年版。

69. 叶明确：《1978—2008 年中国经济重心迁移的特征与影响因素》，《经济地理》2012 年第 4 期。

70. 衣长军：《闽东南地区民营企业迁移与投融资环境优化研究》，《哈尔滨学院学报》2005 年第 11 期。

71. 曾鹏：《区域技术战略对企业迁移作用的分析框架及演化过程研究》，《科技进步与对策》2013 年第 24 期。

72. 曾鹏：《协同学视角下区域技术战略实施对企业迁移影响效果评价及改进策略研究》，《科技进步与对策》2014 年第 2 期。

73. 张帆：《中国金融产业集聚效应及其时空演变》，《科研管理》2016 年第 1 期。

74. 张辉、白长虹、李储凤：《消费者网络购物意向分析——理性行为理论与计划行为理论的比较》，《软科学》2011 年第 9 期。

75. 张健敏、葛顺奇：《中国承接产业转移的模式变化及政策选择》，《国际经济合作》2014 年第 4 期。

76. 张伟、王韶华：《整体迁移模式下承接产业与本土产业融合互动的情景分析——以河北承接北京八大产业转移为例》，《中国软科学》2016 年第 12 期。

77. 张新芝、陈斐：《基于系统基模的企业迁移机理分析》，《科技信息》2010 年第 8 期。

78. 张秀娥、张梦琪、毛刚：《信息生态视角下创业意愿形成机制解析》，《科技进步与对策》2015 年第 7 期。

79. 张学华、吴波：《集群企业跨区域迁移的动因与区位选择——对中国家电产业集群的案例研究》，《科技管理研究》2012 年第 22 期。

80. 张玉、江梦君：《安徽承接长三角产业梯度转移的微观视角研究——基于企业迁移的分析》，《中国集体经济》2011 年第 6 期。

81. 赵奉军、木已：《民营企业大"迁移"的经济学》，《科技信息》2003 年第 8 期。

82. 赵弘：《总部经济发展中需要解决的若干问题》，《中国高新区》2004 年第 10 期。

83. 浙江省企调队：《浙江企业缘何纷纷外迁》，《中国国情国力》2005 年第 3 期。

84. 中国纺织工业协会：《中国纺织工业发展报告（2008—2009）》，中国纺织出版社 2010 年版。

85. 中国纺织工业协会:《中国纺织工业发展报告(2015—2016)》,中国纺织出版社 2016 年版。

86. 周华蓉、贺胜兵:《政策引导下企业跨区域迁移的演化博弈分析》,《湖南科技大学学报(社会科学版)》2015 年第 2 期。

87. 周正柱、孙明贵、张莹:《企业迁移区位选择影响因素》,《经济与管理研究》2015 年第 4 期。

88. 周正柱、孙明贵:《商务成本对企业迁移区位选择的影响研究——基于 26 个省(市)规模以上工业企业的面板数据模型》,《上海经济研究》2014 年第 12 期。

89. Ajzen I, Driver B L, "Prediction of Participation from Behavior, Normativeand Control Beliefs: An Application of the Theory of Planned Behavior", *Leisure Science*, Vol. 13, 1991.

90. Ajzen I, "From Intentions to Actions: A Theory of Planned Behavior", in *Action Control*, J. Kuhl & J. Beckmann (Eds.), Berlin Heidelberg: Springer, 1985.

91. Alfred D, Chandler Jr, *Scale and Scope: The Dynamics of Industrial Capitalism*. Harvard: Harvard University Press, 1990.

92. An Y, Wan L, "Modelling Industrial Firm Relocation with Impacts of Spatial Dependence", *International Journal of Urban Sciences*, Vol. 22(1), 2018.

93. Bamberg S, Ajzen I, Schmidt P, "Choice of Travel Mode in the Theory of Planned Behavior: The Roles of Past Behavior, Habit, and Reasoned Action", *Basic and Applied Social Psychology*, Vol. 25(3), 2003.

94. Barbier E B, Hultber P T, "Economic Integration, Environmental Harmonization and Firm Relocation", *Environment & Development Economics*, Vol. 12(3), 2007, p. 379.

95. Beibei Shi, Chen Feng, Meng Qiu, Anders Ekeland, "Innovation Suppression and Migration Effect: The Unintentional Consequences of Environmental Regulation", *China Economic Review*, Vol. 49, 2018.

96. Boschma R A, Frenken K, "Applications of Evolutionary Economic Geography", *Druid Working Papers*, 2006.

97. Boyd N G, Vozikis G S, "The Influence of Self-Efficacy on the Development of Entrepreneurial Intentions and Actions", *Entrepreneurship Theory and Practice*, Vol. 18(1), 1994.

98. Brouwer A E, Mariotti I, Van Ommeren J N, "The Firm Relocation Decision: a Logit

Model", *Paper presented at the 42nd ERSA conference*, Dortmund, Germany, 2002.

99. Brouwer A E, "The Inert Firm: Why Old Firms Show a Stickiness to Their location", *in European Regional Science Association Conference*, 2004.

100. Brouwer A E, Ilaria Mariotti, Ommeren Jos Nvan, "*The Firm Reloeation Decision: An Empirical Investigation*", *Annals of Regional Science*, Vol. 38(2), 2004.

101. Brouwer, Aleid E., Ilaria Mariotti, and Jos N. Van Ommeren. "The Firm Relocation Decision: An Empirical Investigation", *The Annals of Regional Science*, Vol. 38(2), 2004.

102. Camerron G C, Clark B D, "Industrial Movement and the Regional Problem", *The Economic Journal*, Vol. 78(312), 1968.

103. Carr C, Bateman S, "Does Culture Count? Comparative Performances of Top Family and Non-family Firms", *International Journal of Cross Cultural Management*, Vol. 10 (2), 2010.

104. Chapman K, Walker D F, "Industrial Location: Principles and Policies", *Geographical Journal*, Vol. 154(2), 1988.

105. Cialdini R B, Kallgren C A, Reno R R, "A Focus Theory of Normative Conduct: A Theoretical Refinement and Reevaluation of the Role of Norms in Human Behavior", *Advances in Experimental Social Psychology*, Vol. 24(1), 1991.

106. Conner M, Armitage C J, "Extending the Theory of Planned Behavior: A Review and Avenues for Further Research", *Journal of Applied Social Psychology*, Vol. 28(15), 1998.

107. Davis J C, Henderson J V, "The Agglomeration of Headquarters", *Regional Science and Urban Economics*, Vol. (38), 2008.

108. Dijk J V, Pellenbarg P H, "Demography of Firms: Spatial Dynamics of Firm Behavior", *Nederlandse Geografische Studies*, Vol. 262, 1999.

109. Dijk J V, Pellenbarg P H, "Firm Relocation Decisions in The Netherlands: An Ordered Logit Approach", *Regional Science*, Vol. 79(2), 2000.

110. Dimitratos P, Petrou A, Plakoyiannaki E, et.al., "Strategic Decision-making Processes in Internationalization: Does National Culture of the Focal Firm matter?", *Journal of World Business*, Vol. 46(2), 2011.

111. Dorantes L M, Paez A, Vassallo J M, "Transportation Infrastructure Impacts on Firm Location: The Effect of a Newmetro Line in the Suburbs of Madrid", *Journal ofTransport Geography*, Vol. 22(2), 2011.

112. Dunne P, Hughes A, "Age, Size, Growth and Survival: UK Companies in the

1980s", *Journal of Industrial Economics*, Vol. 42(2), 1994.

113. Dunning J, "Toward an Eelectie Thery of Intemational Production", *Journal of Intemational Business Studies*, Vol. 11(1).

114. *Dunning J, Multinational Enterprises and the Global Economy*, New York: Addison Wesley Publishing Ltd., 1993.

115. Ezzamel M, Willmott H, "Strategy and Strategizing: A Poststructuralist Perspective", *Advances in Strategic Management*, Vol. 27(27), 2010.

116. Fishbein, Ajzen I, *Taking and Information Handling in Consumer Behavior*, Boston: *Graduate School of Business Administration*, *Harvard University*, 1975.

117. Foss N J, Knudsen C, *Towards A Competence Theory of the Firm*, London: *Routledge*, 1996.

118. Garwood J D, "An Analysis of Postwar Industrial Migration to Utah and Colorado", *Economic Geography*: Vol. 29(1), 1953.

119. Goss E P, Phillips J M, "The Impact of Tax Incentives: Do Initial Economic Conditions Matter?", *Growth & Change*, Vol. 32(2), 2001.

120. Harrison D A, "Volunteer Motivation and Attendance Decisions: Competitive Theory Testing in Multiple Samples From a Homeless Shelter", *Journal of Applied Psychology*, Vol. 80(3), 1995.

121. Henderson J V, Ono Y, "Where Do Manufacturing Firms Locate Their Headquarter?", *Journal of Urban Economics*, Vol. 63, 2008.

122. Hofstede G, A *Culture's Consequences: International Differences in Work-Related Values*, Newbury Park: Sage Publications, 1980.

123. Iseki H, Jones R P, "Analysis of Firm Location and Relocation in Relation to Maryland and Washington, DC Metro Rail Stations", *Research in Transportation Economics*, Vol. 67, 2018.

124. Jane, W, Lu, et.al., "The Internationalization and Performance of SMEs", *Strategic Management Journal*, Vol. 22(6-7), 2010.

125. Kapitsinis N, "Interpreting Business Mobility through Socio-economic Differentiation. Greek Firm Relocation to Bulgaria before and after the 2007 Global Economic Crisis", *Geoforum*, Vol. 96, 2018.

126. Keeble D, *Industrial Location and Planning in the United Kingdom*, London: *Methuen & Co.*, 1976.

127. Klaassen L H,Molle W T,*Industrial Mobility and Migration in the European Community*,*Rotterdam:Gower*,1983.

128. Koster S.,Pellenbarg P,"The Changing Firm Landscape and Firm Location Behaviour",in *Relocation of Economic Activity*,*Capik P.,Dej M.(eds).Cham:Springer*,2019.

129. Kreiser P M,Marino L D,Dickson P,et.al.,"Cultural Influences on Entrepreneurial Orientation:The Impact of National Culture on Risk Taking and Proactiveness in SMEs",*Entrepreneurship Theory & Practice*,Vol.34(5),2010.

130. Krueger N F,"The Impact of Prior Entrepreneurial Exposure on Perceptions of New Venture Feasibility and Desirability",*Entrepreneurship Theory and Practice*,Vol.18 (1),1993.

131. Lewis W,Agarwal R,"Sambamurthy V.Sources of Influence on Beliefs About Information Technology Use:An Empirical Study of Knowledge Workers",*MIS Quarterly*,Vol.27 (4),2003.

132. Li J T,Harrison J R,"National Culture and the Composition and Leadership Structure of Boards of Directors",*Corporate Governance An International Review*,Vol.16(5),2010.

133. Liao H F,Chan R C K,"Industrial Relocation of Hong Kong Manufacturing Firms: towards an Expanding Industrial Space beyond the Pearl River Delta",*Geojournal*,Vol.76 (6),2011.

134. Linnenluecke M K,Stathakis A,Griffiths A,"Firm Relocation as Adaptive Response to Climate Change and Weather Extremes",*Global Environmental Change*,Vol.21 (1),2011.

135. Littler D,Melanthiou D,"Consumer Perceptions of Risk and Uncertainty and the Implications for Behaviour Towards Innovative Retail Services:The Case of Internet Banking",*Journal of Retailing & Consumer Services*,Vol.13(6),2006.

136. Louw E,"Kantoorgebouw en vestigingsplaats.Een geografisch onderzoek naar de rol van huisvesting bij locatiebeslissingen van kantoorhoudende organisaties",*Breast Cancer Research & Treatment*,Vol.21(1),1996.

137. Lovely M E,Rosenthal S S,Sharma S,"Information,Agglomeration,and the Headquarters of U.S.Exporters",*Regional Science and Urban Economics*,Vol.35(2),2005.

138. Macuchova Z,"Firm Relocation and Firm Profits:Evidence from the Swedish Wholesale Trade Sector",Working papers in *Transport*,*Tourism*,*Information Technology and Microdata Analysis*,2015.

139. Martin R, "Institutional Approaches in Economic Geography", in *A Companion to Economic Geography*, Sheppard E, Barnes T J(eds.), Oxford: Blackwell, 2000.

140. Mccann B T, Folta T B, "Location Matters: Where We Have Been and Where We Might Go in Agglomeration Research", *Journal of Management*, Vol. 34(3), 2008.

141. McLaughling G E, Robockg S, "*Why Industry Moves South*", *NPA Committee for the South*, No. 3, Report, 1949.

142. Molle W.T.M., "Industrial Mobility—A Review of Empirical Studies and An Analysis of the Migration of Industry from the City of Amsterdam", *Regional Studies the Journal of the Regional Studies Association*, Vol. 11(5), 1977.

143. Morkut G, Koster S, "Human Capital as A Location Factor: An Empirical Investigation of Relocating Firms and Their Labour Force in the Netherlands", *Papers in Regional Science*, Vol. 97(3), 2018.

144. Nguyen, Cao Y, Sano, et.al., "Firm Relocation Patterns Incorporating Spatial Interactions", *Annals of Regional Science*, Vol. 50(3), 2013.

145. Ortona G, Santagata W, "Industrial Mobility in the Turin Metropolitan Area 1961–1977", *Urban Studies*, Vol. 20(1), 1983.

146. Panhans M, Lavric L, Hanley N, "The Effects of Electricity Costs on Firm Relocation Decisions: Insights for the Pollution Havens Hypothesis?", *Environmental & Resource Economic*, Vol. 68, 2017.

147. Pellenbarg P H, Pen C J, "Central, Provincial, and Municipal Government Policy in the Netherlands and the Impact on Firm Migrations", in *European Regional Science Association Conference Papers*, 1998.

148. Pellenbarg P H, "Firm Migration in the Nertherlands", *General Information*, Vol. 5(6), 2005.

149. Pellenbarg P H, van Wissen L J G, van Dijk J, "Firm Migration", in *Industrial Location Economics*, P.McCann(eds.), Cheltenham: Edward Elgar, 2002.

150. Pellenbarg, PH, "Firm Migration and Central Government Policy: An Overview", *in Grensoverschrijdende Activiteiten in Beweging; Grensregio's, Onderzoek en Beleid*, F Boekema & G Allaert (eds.), Assen: Koninklijke Van Gorcum, 1999.

151. Phan, P.H., Wong, P.K., & Wang, C.K., "Antecedents to Entrepreneurship among University Students in Singapore: Beliefs, Attitudes and Background", *Journal of Enterprising Culture*, Vol. 10(02), 2002.

152. Porter M E,"Location, Competition, and Economic Development: Local Clusters in a Global Economy", *Economic Development Quarterly*, Vol. 14(1), 2000.

153. Pouder R, St John C H, "*Hot Spots and Blind Spots: Geographical Clusters of Firms and Innovation*", Academy of Management Review, *Vol.* 21(4), 1996.

154. *Pred A R, "Behavior and Location: Foundations for Geographic and Dynamic Location Theory: Part I*", Economic Geography, *Vol.* 45(2), 1969.

155. *Prevezer M, "The Dynamics of Industrial Clustering in Biotechnology"*, *Small Business Economics*, Vol. 9(3), 1997.

156. Prieto L, Wang L, "Strategizing of China's Major Players: A Bourdieusian Perspective", *Journal of Organizational Change Management*, Vol. 23(3), 2010.

157. Ryan M J, "Behavioral Intention Formation: The Interdependency of Attitudinal and Social Influence Variables", *Journal of Consumer Research*, Vol. 9, 1982.

158. Saaty T.L. , *The Analytic Hierarchy Process: Planning, Priority Setting, Resource Allocation*, New York: MeGraw-Hill, 1980.

159. Scott A J, "Economic Geography: the Great Half-century", *Cambridge Journal of Economics*, 24(4), 2000.

160. Scull A, "Firm Relocation as A Potential Solution for Environment Improvement Using A SWOT-AHP Hybrid Method", *Process Safety & Environmental Protection*, Vol. 92(3), 2014.

161. Shaver J M, Flyer F, "Agglomeration Economies, Firm Heterogeneity, and Foreign Direct Investment in the United States", *Strategic Management Journal*, Vol. 21(12), 2015.

162. Sleutjes B, Völker B, "The role of the Neighbourhood for Firm Relocation", *Tijdschrift Voor Economische En Sociale Geografie*, Vol. 103(2), 2012.

163. Sleutjes, Bart, Beckers, "Exploring the Role of the Neighbourhood in Firm Relocation: Differences: Between Stayers and Movers", *Journal of Housing & the Built Environment*, Vol. 28(3), 2013.

164. Smith D M, "A Theoretical Framework for Geographical Studies of Industrial Location", *Economic Geography*, Vol. 42, 1966.

165. Steen E V D, "Culture Clash: The Costs and Benefits of Homogeneity", *Management Science*, Vol. 56(10), 2010.

166. Strauss-Kahn V, Vives X, "Why and Where do Headquarters Move?", *Regional Science and Urban Economics*, Vol. 39, 2009.

167. Tatoglu E, Glaister K W, "An Analysis of Motives for Western FDI in Turkey", *International Business Review*, Vol. 7(2), 1998.

168. Townroe P M, "Locational Choice and the Individual Firm", *Regional Studies*, Vol. 3, 1969.

169. Turcu C, Siedschlag I, Smith D, et. al., "What Determines the Location Choice of R&D Activities by Multinational Firms?", *Research Policy*, Vol. 42(8), 2013.

170. Wagner M, "National Culture, Regulation and Country Interaction Effects on the Association of Environmental Management Systems with Environmentally Beneficial Innovation", *Business Strategy & the Environment*, Vol. 18(2), 2010.

171. Weinstein R, "Dynamic Responses to Labor Demand Shocks: Evidence from the Financial Industry in Delaware", *Journal of Urban Economics*, Vol. 104, 2018.

172. Wernerfelt B, "A Resource-based View of the Firm", *Strategic Management Journal*, Vol. 5 (2), 1984.

173. Weterings A, Knoben J, "Footloose: An Analysis of the Drivers of Firm Relocations over Different Distances", *Papers in Regional Science*, Vol. 92(4), 2013.

174. Yi Y, "Firm Relocation and age-dependent Reliance on Agglomeration Externalities", *Annals of Regional Science*, Vol. 61(2), 2018.

175. Zadeh L.A, "Fuzzy Sets", *Information and Computation*, Vol. 8, 1965.

176. Zaheer S, "Overcoming the Liability of Foreignness", *Academy of Management Journal*, Vol. 38(2), 1995.

177. Zimmer M A, Nakosteen R A, "Determinants of Regional Migration by Manufacturing Firm", *Economic Inquiry*, Vol. 25(2), 1987.

附录　关于企业迁移意愿的问卷调查

尊敬的先生/女士：

　　您好！本问卷旨在结合现有经济环境，深入探究企业如何产生迁移意愿、意愿产生的动因以及相关影响因素，为政府招商引资提供参考意见。本次调查结果将作为学术用途，不涉及商业机密，请您放心如实填写，谢谢您的配合与支持！

第一部分　企业基本情况

1. 企业名称：

2. 企业所在城市：

3. 企业成立时间：

4. 企业注册资本：(万元)

5. 企业员工数约为：(人)

6. 您所在企业主营业务：

7. 您所在企业所属行业类别：

8. 您在企业中所属职位：

9. 您所在企业年产值：

10. 您所在企业所有制形式

A.国有企业(含国有控股)　B.集体企业　C.私营企业　D.股份合作

E.合资经营　F.合作经营　G.外商独资

11. 贵企业的企业属性属于

A.独立企业　B.集团母公司　C.集团子公司　D.其他_____

12. 您企业所服务的市场主要是(可多选)

A.国际市场　B.国内市场　C.其他

13. 您的企业在产业链中的位置处于

A.中上游　B.中下游　C.两者兼有

14. 您企业在当地是否形成了较有规模的产业集群

A.是　　B.否

15. 与贵企业有直接联系的:

供应商:关系稳定的共_____家,本地占_____%

客户:关系稳定的共_____家,本地占_____%

同行企业:关系稳定的共_____家,本地占_____%

16. 贵企业与下列本地组织/机构的联系紧密程度:(请在表格中空白处打√)

组织/机构	没有联系	松散联系	一般联系	紧密联系
行业协会/商会				
政府/主管部门				
银行/金融组织				
管理/技术等咨询公司				

17. 您所在企业是否有过迁移行为(如选"是"请选填18—22题;如选"否"选填23题)

A.是　B.否

18. 如果已有过迁移行为,请选择迁移的方式是(可多选)

　　A.整体迁移　　B.生产基地迁移　　C.研发部门迁移　　D.营销部门迁移

E.总部迁移

19. 企业迁移次数:＿＿＿＿＿＿

20. 企业迁移时间:＿＿＿＿＿＿

21. 企业原所在地(具体到城市,如为区域内迁移请填写具体地址):

第二部分　企业迁移决策的影响因素调查

22. 您认为企业迁移的动因是什么(每一方面均可多选)

政策动因:

A.迁出地政府为了优化产业布局,要求企业外迁

B.迁出地政府为了治理环境污染,要求企业外迁

C.迁入地政府具有更高的行政效率与更全面的配套服务

D.迁入地政府提供税收、土地等优惠补贴

经济动因:

A.迁入地获取原材料更为便捷

B.迁入地产业上下游配套设施完善

C.迁入地劳动力价格相对较低

D.迁入地土地、空间、租金相对便宜

E.迁入地人才、技术、信息获得相对便利

F.迁入地交通便捷、基础设施完善

G.迁入地产业集群网络体系更为健全

H.企业通过迁移获取土地差价实现进一步发展

战略动因:

A.原地址不能满足规模、产能的扩张

B.企业业务调整

C.企业为了开拓市场

D.企业进行了兼并、重组、收购等组织结构变更

E.企业为了提升知名度和企业形象

F.企业为了避免恶性竞争

G.企业对迁入地的预期发展前景持有积极态度

H.企业对迁出地未来发展前景较悲观

情感动因:

A.企业决策者希望回报家乡而将企业迁入家乡所在地

B.企业决策者对某个区位的文化、习俗等有特殊偏好

C.企业决策者具有冒险精神,追求跨越式发展从而促使企业迁移

D.迁入地具有更豪华、高档的办公环境

E.企业决策者向往中心城市,增加成就感

F.企业决策者向往中小县市,厌恶大城市

G.迁入地可以获得更高的政治荣誉和更好的成就感

H.其他

23.您认为您所在企业没有进行迁移的主要原因是什么(每一方面均可多选)

企业自身因素:

A.企业暂时不打算进行产能或市场的扩张

B.土地、租金、人才、信息等方面都满足企业现阶段的发展

C.企业自身不具备迁移条件(例如转移成本过高、资金不到位等)

D.企业顾虑迁移风险过高,影响企业将来的发展

外部因素:

A.相关配套设施以及上下游产业链的衔接方面其他地区无法满足企业要求

B.企业现所在地政府对企业的优惠政策吸引企业留在原地

C.目前公司所在地地理位置的优势性

D.企业现所在地交通更为便捷

E.企业现所在地更贴近目标市场

F.企业所在地自然环境优异

G.企业所在地文化环境优异

H.企业所在地行政干预较少

I.没有投资环境更好的区域

J.担心其他地区政府服务意识不如现所在地

K.其他

第三部分　企业迁移意愿调查

本部分问题考察企业迁移意愿,无论您所在企业是否有过迁移行为都请选填本部分问题,谢谢您的配合。

24. 当前贵企业有无迁移意愿

A.无迁移意愿

B.不确定,近期可能性低

C.将来很有可能会迁移

D.已经有迁移意愿

25. 企业迁移目标地域选择(如24题选择A选项,则该题不用选填)

A.由市中心向市郊区迁移

B.由市郊区向市中心迁移

C.本省内由地县级市向省会城市迁移

D.本省内由省会城市向地县级市迁移

E.由东部城市、直辖市、沿海城市等发达地区向中西部地区迁移

F.由中西部地区向东部城市、直辖市、沿海城市等发达地区迁移

G.各地(县)级市之间迁移

26.如果企业要向外迁移,主要的原因是什么(可多选)

A.降低劳动力成本　B.降低土地成本　C.靠近原材料地　D.扩大市场份额　E.扩大出口　F.引进技术　G.便于生产协作　H.基础设施健全　I.优惠政策　J.政府服务好　K.降低税费负担　L.提高企业知名度　M.融资方面的原因　N.政府强制外迁　O.人力资本丰富　P.其他_____

其中你认为最重要的三项是_____

27.您的企业要迁移,会采取何种形式(可多选)

A.整体迁移　B.生产基地迁移　C.研发部门迁移　D.总部迁移　E.营销部门迁移

28.贵企业所在区域是否有同行业企业已进行了迁移

A.很多企业(10家以上)　B.少数企业(5—10家企业)　C.极少数(1—4家企业)　D.没有

下面对企业迁移意愿影响因素进行调查,请您根据自身认知如实填写:

29.政策影响因素调查(请您根据实际情况在对应的数字上打√,5表示最强,1表示最弱)

政策因素	最强	较强	一般	较弱	最弱
环境管制	5	4	3	2	1
政府行政效率	5	4	3	2	1
土地优惠	5	4	3	2	1
税收优惠	5	4	3	2	1
政府配套服务	5	4	3	2	1
信贷支持	5	4	3	2	1
公平竞争环境	5	4	3	2	1

30. 经济因素调查

经济因素	最强	较强	一般	较弱	最弱
原材料丰富程度	5	4	3	2	1
劳动力成本	5	4	3	2	1
土地成本	5	4	3	2	1
人力资本	5	4	3	2	1
信息与技术	5	4	3	2	1
交通与物流成本	5	4	3	2	1
产业配套	5	4	3	2	1
基础设施	5	4	3	2	1
产业集群网络	5	4	3	2	1
市场前景	5	4	3	2	1
市场开放程度	5	4	3	2	1
区域经济水平	5	4	3	2	1

31. 情感因素调查（企业决策者角度）

情感因素	最强	较强	一般	较弱	最弱
乡土情结	5	4	3	2	1
文化偏好	5	4	3	2	1
特殊区位偏好	5	4	3	2	1
冒险精神	5	4	3	2	1
个人成就感	5	4	3	2	1
员工追随企业迁移的可能性	5	4	3	2	1

32. 战略因素调查

战略因素	最强	较强	一般	较弱	最弱最弱
企业家精神	5	4	3	2	1

续表

战略因素	最强	较强	一般	较弱	最弱最弱
企业空间扩张	5	4	3	2	1
提升企业知名度	5	4	3	2	1
业务调整	5	4	3	2	1
企业运营能力成长性	5	4	3	2	1
组织结构变更	5	4	3	2	1
避免恶性竞争	5	4	3	2	1
对迁入地积极的预期	5	4	3	2	1
对迁出地悲观的预期	5	4	3	2	1

第四部分　企业迁移效果

本部分问题旨在研究企业迁移效果,如果您所在企业有过迁移行为请填选全部问题;如果您所在企业没有发生过企业迁移请填选37—41题。

33.企业迁移后企业效益有什么变化

A.企业效益较迁移前有大幅度提高

B.企业效益较迁移前有所提高,但幅度不大

C.企业效益较迁移前没有太大变化

D.企业效益较迁移前大幅度下降

E.企业效益较迁移前有所下降,但幅度不大

34.您认为企业迁移后效益提高的主要原因是(可多选)

A.土地、劳动力等因素相对便宜的价格使得生产成本大幅度降低

B.政府的优惠政策使得企业运营成本降低

C.企业通过迁移实现技术改造,提高了生产效率

D.企业通过迁移开拓了市场

E.企业通过迁移扩大了产能

F.企业通过迁移调整了业务方向

G.企业通过迁移避免了恶性竞争

H.企业通过迁移吸引了大量人才

I.其他

35.您认为企业迁移后效益下降的主要原因是(可多选)

A.新雇用的劳动力对企业生产业务并不熟练,导致生产率降低

B.迁入地较迁出地相比相关产业链衔接断裂

C.生产要素成本过高

D.政府干预过多,行政效率低下

E.短期难以适应当地文化

F.远离市场,物流成本上升

G.其他

36.您所在企业是否后悔迁移行为

A.是 B.否 C.不确定

37.您认为企业迁移对迁出地的影响是(可多选)

A.影响当地的 GDP 和税收

B.影响当地的就业机会

C.影响当地的产业集群

D.缓解当地的环境、土地等资源压力

E.其他

38.您认为企业迁移对迁入地的影响是(可多选)

A.创造就业机会和税收

B.推动产业升级和技术进步

C.形成新的产业集群

D.对当地资源和环境产生影响

E.其他

39.综合各方面因素,您认为企业迁移对企业是否是有利行为

A.是　B.否　C.不确定

40.您认为当前企业迁移(产业转移)存在的主要问题是(可多选)

A.缺乏宏观规划,产业转移具有盲目性

B.简单转移产能,技术创新能力滞后

C.企业异地复制,不重视区域竞争力培育

D.区域产业配套跟不上

E.政府政策引导力度不大

F.其他

41.请根据贵企业对下列地区环境因素的满意程度进行打分

	完全不满意	较不满意	满意程度一般	比较满意	非常满意
本地公平竞争环境	1	2	3	4	5
本地企业合作氛围	1	2	3	4	5
本地招揽客户的难易程度	1	2	3	4	5
本地产业配套情况	1	2	3	4	5
本地专业技术人才	1	2	3	4	5
本地信贷支持力度	1	2	3	4	5
本地土地价格及可得性	1	2	3	4	5
本地政府办事效率	1	2	3	4	5
本地劳动力充裕程度	1	2	3	4	5

全部问卷到此结束,感谢您百忙之中给予我们的配合与支持!

后　记

　　本书是国家社科基金项目"企业迁移的意愿与空间引导政策研究"的最终研究成果。项目批准立项后，课题组多次赴江苏、湖北、湖南、贵州等地实地调研，对政府有关部门及相关企业进行了大规模的访谈，调研与访谈得到了当地政府及有关企业的大力支持。在此成书之际，谨向给予支持的政府领导及企业负责人表示衷心感谢。

　　本书的研究与出版还得到了作者所在单位中南民族大学的大力支持。感谢研究生何勃、王婷婷、黎初、刘梦帆、吴迪、戴凤燕、谢尚、李保霞、马港、宋舒雅等同学，他们有的和我一起进行田野调查，有的参与数据整理，有的负责部分内容的初稿写作。

　　本书的出版得到了人民出版社的大力支持，赵圣涛编辑为本书的出版付出了辛勤劳动，在此表示诚挚谢意。

　　本书借鉴了部分专家学者的研究成果，参考和引用了一些专家学者的观点，在此一并致谢。

　　由于本人的知识水平和能力有限，本书也存在很多不完善的地方，敬请各位专家学者批评指正。

李彦军

2021 年 1 月于武汉

责任编辑：赵圣涛

封面设计：石笑梦

版式设计：胡欣欣

责任校对：昌 飞

图书在版编目（CIP）数据

企业迁移意愿与空间引导政策研究/李彦军 著. —北京：人民出版社，2021.8

ISBN 978 - 7 - 01 - 023298 - 0

Ⅰ.①企…　Ⅱ.①李…　Ⅲ.①企业管理-研究-中国　Ⅳ.①F279.23

中国版本图书馆 CIP 数据核字（2021）第 062019 号

企业迁移意愿与空间引导政策研究

QIYE QIANYI YIYUAN YU KONGJIAN YINDAO ZHENGCE YANJIU

李彦军　著

人民出版社 出版发行

（100706　北京市东城区隆福寺街 99 号）

北京盛通印刷股份有限公司印刷　新华书店经销

2021 年 8 月第 1 版　2021 年 8 月北京第 1 次印刷

开本：710 毫米×1000 毫米 1/16　印张：15.5

字数：280 千字

ISBN 978 - 7 - 01 - 023298 - 0　定价：69.00 元

邮购地址 100706　北京市东城区隆福寺街 99 号

人民东方图书销售中心　电话 （010）65250042　65289539

版权所有·侵权必究

凡购买本社图书，如有印制质量问题，我社负责调换。

服务电话：（010）65250042